Axel Klingenberg

Die Wahrheit über Wolfenbüttel

Reiffer

Axel Klingenberg
Die Wahrheit über Wolfenbüttel

Umschlaggestaltung: Karsten Weyershausen
Satz/Layout: Andreas Reiffer
Lektorat: Manja Oelze

1. Auflage 2018

Druck und Weiterverarbeitung: CPI books, Leck

ISBN 978-3-945715-17-8 (Print)
ISBN 978-3-945715-26-0 (Ebook)

Verlag Andreas Reiffer, Hauptstr. 16 b, D-38527 Meine
www.verlag-reiffer.de
www.facebook.com/verlagreiffer

Ich danke
Uta Löffler für ihre Unterstützung,
der Familie Kämpfe für sich selbst,
Ulrich Higl dafür, dass er mich an seinem reichen Wissen über Wolfenbüttel hat teilhaben lassen,
Martin Geißler für seine wertvollen Tipps
sowie Manja Oelze, Andreas Reiffer und Karsten Weyershausen
für die langjährige großartige Zusammenarbeit.

Inhalt

Vorweg

»Geh deinen Weg und lass die Leute reden.«
Hausspruch in der Wolfenbütteler Innenstadt

Widekind von Wolfenbüttel war es, der am 13. November 1118 Zeuge eines Rechtsgeschäfts zwischen Bischof Reinhard von Halberstadt und dem Augustiner-Chorfrauenstift zu Steterburg wurde. Es ging um die Erlaubnis, im Ortsteil Linden eine Pfarrkirche bauen zu dürfen. Durch diesen bedeutungsvollen Vorgang wurde Wolfenbüttel das erste Mal urkundlich belegt. Den Ort gab es natürlich schon vorher, Linden auch, aber nun stand es dort schwarz auf weiß beziehungsweise schmuddeligem Gelb. So jedenfalls stelle ich mir – durch zahlreiche Robin Hood-Filme geprägt – derartige Urkunden vor.

Wie gesagt: der eigentliche Vorgang – die Erteilung einer Erlaubnis zum Bau einer Pfarrkirche – ist recht nebensächlich. Wichtig ist vielmehr, dass damit ein Datum festgelegt wurde, das man begehen konnte. Also feiert ganz Wolfenbüttel in diesem Jahr ein 900-jähriges Jubiläum. Mit dickem Stadt- und ganz neuem Stadtgrabenfest. Und dem Lessingfestival!

Im Verlaufe der Recherchen zu diesem Thema bin ich auf den interessanten Umstand gestoßen, dass viele Persönlichkeiten, die mit der Stadt verbunden sind, in der Öffentlichkeit kaum wahrgenommen werden. Am häufigsten wird natürlich Gotthold Ephraim Lessing gefeatured. Kein Wunder, dürfte der große Dichter tatsächlich einer der berühmtesten Wolfenbütteler sein – und dessen Werk tatsächlich untrennbar mit der Stadt verbunden. Aber was ist mit Emil Berliner? Mit Justus Oldekop? Mit Maina-Miriam Munsky? Mit Ferdinand Grimm? Mit Karl Wilhelm Jerusalem? Mit Levin Zanner? Oder mit Anton Wilhelm Amo? Warum spricht niemand über diese Kinder der Stadt?

Um diesen Menschen wenigstens ein bisschen Gerechtigkeit widerfahren zu lassen, möchte ich sie hier in diesem Buch vorstellen. Zumeist versuche ich dabei eine chronologische Reihenfolge einzuhalten, in wenigen Fällen bin ich ein wenig davon abgewichen. Und ja, ich bin mir bewusst, dass die Zahl der porträtierten Männer die der Frauen bei weitem überwiegt – ich bitte darum, dies nicht mir anzulasten, sondern der Weltgeschichte, die so unfair ist, dem schöneren und wenn man ehrlich ist auch dem oft klügeren Geschlecht die Stellung zu verweigern, die es in der Politik, in der Kunst, in der Wissenschaft und in der Gesellschaft verdient hätte. Ich hoffe, dass irgendwann ein ähnliches Werk wie dieses erscheinen kann, in dem mindestens so viele Frauen wie Männer Erwähnung finden. Apropos unfair! Auch adelige Personen – zumal Angehörige der Welfenfamilie – werden hier überproportional behandelt. Dies geschieht deshalb, weil man anhand ihrer übrigens oft hochinteressanten Lebensgeschichte auch Einblicke in die Geschichte Wolfenbüttels gewinnen kann.

Ergänzt werden diese Biografien durch einige thematische Exkurse, zum Beispiel über Till Eulenspiegel (und dessen historische Vorlagen) sowie durch praktische Tipps, wie man seine Zeit in Wolfenbüttel und umzu aufs Angenehmste vertändeln kann.

Der eine oder die andere wird nun vielleicht anmerken, dass ich als Braunschweiger ja nun gar nicht dazu berechtigt bin, mich zu Wolfenbüttel zu äußern.

Dem möchte ich widersprechen, in dem ich darauf hinweise, dass meine langjährige Lebensgefährtin und Mutter meiner Kinder aus Klein Denkte im Landkreis Wolfenbüttel stammt, dass eben diese Kinder in Wolfenbüttel geboren sind und dass ich selbst in Wolfenbüttel arbeite.

Niedergeschlagen haben sich in diesem Buch aber nicht nur persönliche Erfahrungen, sondern auch zahllose Vor-Ort-Recherchen. Besuchen Sie ruhig die Lokalitäten, die ich empfehle. Ich habe sie selbst unter dem Einsatz meines Lebens und meiner

Gesundheit getestet. Insbesondere der Genuss des Kräuterlikörs Jägermeister hat mir viel Kopfschmerzen bereitet. Je ne regrette rien!

Ich habe Wolfenbüttel also im Laufe der letzten dreißig Jahre sowohl kennen- als auch liebengelernt. Falls das nicht immer so rüberkommt, bitte ich um Nachsicht.

Einladung nach Wolfenbüttel

Wolfenbüttel ist die wichtigste Stadtgründung in Europa nach dem 2. Weltkrieg – eine hocheffiziente Industriestadt, ein postmodernes Architektur-Mekka, ein ... Wie bitte? ... Oh, Entschuldigung ... Ähem, es geht in diesem Buch ja um Wolfenbüttel, nicht um Wolfsburg.

Wolfenbüttel ist nämlich all das nicht. Den Ort gibt es seit nunmehr 900 Jahren, also seit einer halben Ewigkeit, doch postmodern ist hier nur wenig und Effizienz ist ein Fremdwort, das mit dem hiesigen Idiom nicht kompatibel ist. Das richtige Attribut für Wolfenbüttel lautet: »pittoresk«. Beziehungsweise »malerisch«. Wobei Architektur-Mekka ja gar nicht sooo falsch ist, denn immerhin stehen hier ungefähr 600 hübsche Fachwerkhäuser in der Gegend herum. Wir werden noch darauf zu sprechen kommen!

Im Vorfeld des Verfassens dieses Buches fragte ich einen Wolfenbütteler Buchhändler, was er mir an grundlegender Lektüre über die Stadt empfehlen könne.

Er überlegte lange und man merkte ihm an, dass er ein wenig brauchte, um seine sorgfältig sondierten Gedanken zu formulieren. Dann sagte er: »Der Würger von Wolfenbüttel«. Ich muss ihn wohl etwas überrascht angestarrt haben, denn sogleich beeilte er sich »Klopf, klopf, klopf« zu sagen. Ich antwortete beflissen: »Hallo, wer ist da?« Woraufhin er freudig »Hier ist der Würger von Wolfenbüttel« sagte. Natürlich ließ ich mir die sattsam bekannte Pointe nicht entgehen: »Einen Moment. Schaaatz, Besuch für dich.«

Otto Waalkes also. Keine Ahnung, ob der Außerfriesische jemals in Wolfenbüttel gewesen ist, aber man liebt ihn hier noch immer. Denn der Wolfenbütteler als solcher hat Humor. Oder auch nicht. Wenn man jedenfalls an einen Vorfall aus dem Jahre 2012 zurückdenkt, kann man durchaus zu der Überzeugung gelangen, dass der Okerstrandbewohner nicht gerade vor Witz sprüht. Zumindest keine Witze versteht. Damals soll es nämlich zu einer Körperverletzung vor einer Gaststätte auf der Mühlenstraße gekommen sein. Dort soll ein 17 Jahre junger Mann mit Freunden lautstark Witze erzählt haben, als sich plötzlich ein 23 Jahre alter Passant zu ihnen umdrehte, der wohl irrtümlich dachte, dass man sich über seine Person lustig mache. Unvermittelt, so die Polizei, schlug er dem vermeintlichen Lästerer mit der Faust ins Gesicht und lief davon. Das Opfer erlitt bei der plötzlichen Attacke eine blutende Verletzung am Ohr und klagte anschließend über Schmerzen im Kieferbereich. Eine ärztliche Behandlung sei wohl sogar notwendig geworden!

Komik – man weiß nicht, ob der berühmte Anschlag für das »Ohrlochstechen« in einem Wolfenbütteler Geschäft auf freiwilliger oder unfreiwilliger Komik beruht, denn die Werbung wurde durch den handschriftlichen Hinweis »auch durch die Nase« ergänzt.

Der besagte Wolfenbütteler Buchhändler empfahl mir dann doch noch eine ansprechende Lektüre: nämlich die Erzählung »Der Holzvulkan« von Hans Pleschinski über den Sonnenherzog Anton Ulrich von Braunschweig-Wolfenbüttel, der …

Aber ich greife vor.

Kleinstadtliebe

Wolfenbüttel – das ist keine Stadt, das ist ein Städtchen. Und es ist kein Zufall, dass hier 1970 eine (allerdings wenig erfolgreiche) Neuauflage der »Feuerzangenbowle« gedreht wurde. Wolfenbüttel ist Stein gewordene Nostalgie. Farbige Fotos von Wolfenbüttel gelingen niemals, jede Digitalkamera schaltet automatisch auf Sepia um und jede Entwicklerflüssigkeit dieser Welt färbt Wolfenbütteler Motive automatisch in Schwarzweiß.

Ja, in Wolfenbüttel scheint die Zeit stehengeblieben zu sein, Hektik ist hier unbekannt. Als ich einmal mit meinen Kindern auf dem Wolfenbütteler Bahnhof stand, sagte ich: »Wusstet Ihr übrigens, dass in Wolfenbüttel nach zwanzig Uhr die Bürgersteige hochgeklappt werden?« Golo war sofort bereit, dies zu glauben, nachdem er einen Blick auf die menschenleeren Trottoirs geworfen hatte. Nele, seine ältere Schwester, blieb allerdings skeptisch. Sie weiß, dass das mechanische Hochklappen der Gehwege unnötig ist, verlässt der Wolfenbütteler doch sowieso nach der Tagesschau freiwillig nicht mehr seine Wohnung.

Aus Sicht der Braunschweiger ist Wolfenbüttel ja nichts weiter als eine Art Wurmfortsatz, der zwar keinen Sinn mehr erfüllt, aber so lange er nicht stört und wehtut auch nicht entfernt werden muss. Ja, fast – und damit verlasse ich dieses unappetitliche Blinddarmbild wieder – wird Wolfenbüttel sogar als so etwas wie ein weiterer Stadtteil angesehen, der nur noch ein paar Kilometer zu weit entfernt ist. Deswegen robbt man sich auch langsam an die Nachbarstadt heran. Sobald das Lechlumer Holz einer weiteren monströsen Kleinfamiliensiedlung gewichen ist, wird dann endlich der Anschluss geschafft sein: aus Wolfenbüttel wird Stöckheim-Süd.

Doch Wolfenbüttel ist ja mehr als die eigentliche Stadt, denn es gibt ja auch noch den gleichnamigen Landkreis, der hauptsächlich aus wüst gefallenen Dörfern und Einödhöfen im Elm und in der Asse besteht. Und aus Baddeckenstedt, einem Niemandsland zwischen der »Stadt« Salzgitter und dem Stift Hildesheim. Es steht zu befürchten, dass die Exklave bei der nächsten Gemeindereform gegen ein paar Tonnen Stahl aus Salzgitter oder einige Fachwerkhäuser aus Hildesheim eingetauscht wird.

Grundsätzlich ist Baddeckenstedt übrigens gar nicht so weit von Wolfenbüttel entfernt, mit dem Auto vielleicht eine halbe Stunde. Wagt man jedoch das Unterfangen, öffentliche Verkehrsmittel zu benutzen, kann man sich auf eine mehrtägige Reise einstellen, zudem es keine direkte Bahnverbindung zwischen der Kreisstadt und der Gemeinde gibt. Um Baddeckenstedt mit dem Dampfross zu erreichen, muss gar der Umweg über Hildesheim und/oder Braunschweig angetreten werden.

Die Abgeschiedenheit Wolfenbüttels ist sprichwörtlich geworden. Nur die Studentinnen und Studenten der Hochschule Ostfalia bringen regelmäßig ein wenig frisches Blut in die Kommune, indem sie sich beim Altstadtfest mit Einheimischen paaren. Auch zwischen Braunschweig und Wolfenbüttel gibt es einen regelmäßigen Austausch, in dem der Wolfenbütteler in die benachbarte Metropole fährt, um sich beim Volkswagenwerk zu verdingen oder indem der Braunschweiger Siemens-Angestellte sich ein Häuschen im Braunschweiger Speckgürtel, also in Wolfenbüttel, im Elm und in der Asse, erwirbt.

Wolfenbüttel – hier kennt man sich von Kindesbeinen an und hat sich schon in der Sandkiste die Schäufelchen um die ungewaschenen Ohren und auf die verrotzte Nase gehauen. Und auch später ist man unzertrennlich und teilt Tisch, Bett und Sexualpartner miteinander. Das schafft Verbundenheit, das schafft Vertrauen.

Ich hoffe, ich habe es mit diesem Kapitel nicht verspielt.

Ein historischer Spaziergang durch Wolfenbüttel

Wolfenbüttel ist untrennbar verbunden mit der Geschichte der Welfen. Der Name hat übrigens nichts mit dem Wolf zu tun, sondern wurde lateinisch als »catalus« übersetzt, was seit der Spätantike Jungtier, speziell »Junger Löwe«, bedeutet. Das fränkische Adelsgeschlecht der Welfen stammt ursprünglich aus dem karolingischen Kernraum um Maas und Mosel und ist seit Mitte des 8. Jahrhunderts nachgewiesen. Damit ist es definitiv eines der ältesten Adelsgeschlechter Europas. Verzweigungen dieser Sippschaft gibt es seit 1097 darüber hinaus auch nach Italien und England. Welf IV. gilt als Stammvater der älteren deutschen Welfenlinie. Auch wenn das kleine Herzogtum über das die Welfen gebieten konnten, niemals ein Weltreich war, muss doch festgehalten werden, dass die Welfen die Herzogswürde in Kärnten, Bayern und Sachsen innehatten und dass sie mehrere burgundische Könige stellten und immerhin einen deutschen Kaiser, Otto IV. Der mächtigste Welfenfürst war aber wohl Heinrich der Löwe. Der war allerdings Braunschweiger und kein Wolfenbütteler.

Das Kernland, auf dem die Welfen ihre Hausmacht aufbauten, wurde das Herzogtum Braunschweig-Lüneburg, das bis 1806 bestand, bis es vom französischen Kaiser wegen Unbotmäßigkeit aufgelöst und dem Königreich Westphalen zugeschlagen wurde, dem aber keine lange Lebenszeit beschieden war. Als Nachfolger wurde 1814 das Herzogtum Braunschweig gegründet, das immerhin bis 1918 fortwährte. Und dann gab es ja noch das Kurfürstentum Braunschweig-Lüneburg, aus dem das Königreich Hannover hervorging und über das 123 Jahre lang eine Personalunion mit Großbritannien und Irland bestand. 1866 wurde es jedoch von Preußen annektiert und zu einer Provinz degradiert. Nach dem Zweiten Weltkrieg wurden die Freistaaten Braunschweig, Oldenburg und Schaumburg-Lippe mit dem Land Hannover auf

14 Das schmalste Haus Europas, Deutschlands oder Wolfenbüttels

Wunsch der Alliierten zum Bundesland Niedersachsen vereinigt – ein außerordentlich nachhaltiges Provisorium.

Heinrich der Wunderliche, Magnus mit der Kette, Otto der Quade, Heinrich der Friedfertige, Wilhelm der Siegreiche, Friedrich der Unruhige – die Welfen haben zahllose Herrscherpersönlichkeiten hervorgebracht, die einer näheren Betrachtung wert wären. In diesem Buch möchte ich mich jedoch auf einige der wichtigsten beschränken. Natürlich vor allem auf die, die auf die eine oder andere Weise mit Wolfenbüttel verbunden waren, sei es durch Geburt oder langjährigen Aufenthalt.

Womit wir bei der herzoglichen Behausung angekommen wären, dem SCHLOSS WOLFENBÜTTEL (Schlossplatz 13). Jahrhundertelang diente es den Welfen als überdimensionale Behausung, heute ist es viel bürgerfreundlicher, denn es beherbergt sowohl ein Gymnasium als auch Räume der ruhmreichen Bundesakademie für kulturelle Bildung. Und nicht zuletzt gibt es ein sehr

Frührenaissance meets Spätkapitalismus

Guterhaltene Bausubstanz

sehenswertes Museum, in dem man erfahren kann, wie die adeligen Bewohner und Bewohnerinnen das Leben genossen haben. Nämlich mit viel Prunk, Pracht, Pomp und Plüsch.

Dass jedoch in Wolfenbüttel nicht nur hochherrschaftliche Von und Zus wohnten, beweist das BÜRGERMUSEUM (Prof.-Paul-Raabe-Platz 1) in unmittelbarer Nähe zum Schloss, das die Gesellschafts-, Wirtschafts- und Kulturgeschichte Wolfenbüttels thematisiert. Der Eintritt ist ebenfalls sehr bürgerfreundlich, nämlich kostenlos.

Weiter geht's von hier aus zu dem nur ein paar Gehminuten entfernten SEELIGER-PARK. Mit den Resten der unterirdischen Kasematten bekommen Sie einen kleinen Eindruck davon, wie es in der damaligen Festung Wolfenbüttel so ausgesehen hat.

In einem ganz anderen Stadtgebiet liegt der FRIEDHOF DER EHEMALIGEN JÜDISCHEN GEMEINDE (Am Jahnstein), der 1724 von dem Hofjuden Marcus Gumpel Fulda ben Mose gegründet wurde. Insgesamt sind hier über 200 Grabsteine zu sehen. Wir werden noch des Öfteren auf die Menschen jüdischer Herkunft zu sprechen kommen, die die Stadt geprägt haben. Oder von hier aus in die weite Welt gezogen sind, um ihr Glück zu finden beziehungsweise das Grammophon zu *er*finden.

Der Wilde

»Du, Heinz, bist mit deinem Papsttum ein verdammter Lügner und Bösewicht«, schrieb der große Martin Luther. Außerdem beschimpfte er Herzog Heinrich[1] II. in seiner Schrift »Wider Hans Worst« als »groben Tölpel«, als einen »verzweifelten, ehrlosen, verlogenen Bösewicht« und als einen »unverschämten Lügner«. Was hat den Kirchenmann wohl so gegen den Herrscher des kleinen Herzogtums aufgebracht?

Dazu muss ich ein bisschen ausholen. Der spätere Herzog zu Braunschweig-Lüneburg und Fürst von Braunschweig-Wolfenbüttel kam 1489 in Wolfenbüttel als Sohn von Heinrich I. und Katharina, einer Tochter des Herzogs Erich II. von Pommern, zur Welt. In der sogenannten Sächsischen Fehde führte sein Vater – auch Heinrich der Quade (meint: der Böse) genannt – ein Heer von 20.000 Mann gegen den ostfriesischen Grafen Edzard aus der Häuptlingsfamilie Cirksena an. Während einer Belagerung der nur durch wenige Männer verteidigten Festung Leerort wurde er – einen Tag vor seinem 51. Geburtstag – das Opfer eines gezielten Kanonenschusses. Die ihres Hauptes beraubte Truppe zog sich daraufhin kopflos zurück. »Hedde de hertogen to hus gebleven, so hedden sei nicht veloren«[2], spottete man damals in einem Landknechtslied. Anders gesagt: Wäre der Herzog zuhause geblieben, hätte er schön Geburtstag feiern können.

Sein Sohn, nunmehr Heinrich II. genannt, kehrte jedoch alsbald wieder und ließ als Vergeltungstat 1.500 Bewohner von Appingedam erschlagen. Die Regierungszeit des Herzogs begann also mit einem blutigen Racheakt! Wer wissen will, woher George R. R. Martin die Ideen für seine Geschichten hat, muss nur einen Blick in die Geschichtsbücher werfen.

So kriegerisch wie seine Regierungszeit begann, so ging sie auch weiter. In der Hildesheimer Stiftsfehde von 1519 bis 1523

Besonders in Wolfenbüttel

vergrößerte Heinrich II. sein Territorium, obwohl er gleich zu Beginn der Auseinandersetzung im Juni 1519 in der Schlacht bei Soltau vernichtend geschlagen wurde. Kaiser Karl V. war jedoch so freundlich, sich auf seine Seite zu stellen und damit dafür zu sorgen, dass die Niederlage auf dem Schlachtfeld nachträglich doch noch zu einem Sieg wurde. Damit stand der Welfe jedoch fortan in der Schuld des Herrschers und musste sich 1524/25 an der Niederwerfung des Bauernaufstands beteiligen. Nach der Schlacht bei Frankenhausen soll er die zweifelhafte Ehre gehabt haben, dem gefangengenommenen Thomas Müntzer das Glaubensbekenntnis vorzubeten.

Unruhige Zeiten waren das damals. Nicht nur weil einfache Bauern, Bürger und Bergleute sich damals gegen die Obrigkeit erhoben haben – der Begriff »Bauernkrieg« ist im Grunde ge-

Oben: Pittoresk – das Schloss Wolfenbüttel
Gegenüber: Voll verspiegelt – das Schloss

nommen irreführend, weil er wichtige Akteure außer Acht lässt – sondern auch weil in Deutschland die Reformation Fuß zu fassen begann. In Braunschweig, der eigentlichen Hauptstadt des welfischen Fürstentums, wurden schon 1528 evangelische Prediger berufen. Drei Jahre später trat die Stadt dem Schmalkaldischen Bund bei, einem Bündnis protestantischer Fürsten und Städte. Damit hofften die Braunschweiger zwei Fliegen mit einer Klappe zu schlagen, nämlich erstens evangelisch werden zu dürfen und zweitens endlich und endgültig ihren ungeliebten Landesherren loszuwerden.

Dieser war nämlich ein traditionsbewusster Anhänger des Papstes und wurde 1538 einer der beiden Bundeshauptleute der Katholischen Liga, die ins Leben gerufen worden war, um ein militärisches Gegengewicht zum evangelischen Schmalkaldischen Bund unter Führung des Landgrafen Philipp von Hessen zu bilden. Eine Erwartung, die die Liga der katholischen Edelmänner nicht erfüllen konnte.

Anlässlich des Bundestags der Schmalkaldener in Braunschweig kam es in verschiedenen Städten zu Unruhen. Häuser, in denen Protestanten wohnten, wurden in Brand gesteckt!

 Ich will auch Wein!

Der besagte Philipp von Hessen und der Kurfürst Johann von Sachsen beschlossen daher, den Herzog von Wolfenbüttel anzugreifen. Unglücklicherweise hatte der gerade kaum Truppen vor Ort, da er noch in andere Streitigkeiten verwickelt war. Auch der mit ihm verbündete allerkatholischste Kaiser war gerade anderweitig beschäftigt.

So kam es, dass Wolfenbüttel 1542 durch die Truppen des Schmalkaldischen Bundes belagert wurde. Herzog Heinrich verließ jedoch rechtzeitig mit seinen beiden ältesten Söhnen das Land, um Geld aufzutreiben, Verbündete zu finden und ein Heer aufzustellen. 1.000 Bauern, 200 Landsknechte und 300 Reiter sollten die Stadt derweil unter ihrem Befehlshaber Großvogt Balthasar von Stechow verteidigen. Im August des Jahres wurde die Stadt eingeschlossen und mit einem Bombardement begonnen.

Etwas vorlaut blies der Trompeter daraufhin vom Bergfried das Lied »Hat dich der Schimpf gereuet, so zeug nund wiedrum heim«. Der feindliche Bläser antwortete mit »Du armer Judas, was hast du gethan«. Da auf die Trompeten von Jericho jedoch allein nicht immer Verlass ist, wurden alle Geschütze auf den Turm gerichtet. Das war das Ende des kleinen Trompeters. Lucas Cranach d.J. hielt diesen Augenblick in einem Bild fest – die erste Ansicht Wolfenbüttels überhaupt. Am nächsten Tag fiel die Stadt in die habgierigen Hände des Feindes. Und die Belagerer entschädigten sich für die Mühen. Ein hessischer Kriegsteilnehmer schrieb später ergriffen: »In diesem Kriege habe ich viertausend Gulden erobert, dem Allmächtigen sei Lob und Dank in Ewigkeit.«[3]

Heinrich klagte währenddessen vor dem Reichskammergericht und appellierte an die Stände, an den römischen König Ferdinand und an den Kaiser. Nach einem Wutausbruch des Welfen auf dem Reichstag wurden der Landgraf Philipp und sein Kontrahent Heinrich wie Schuljungen auseinandergesetzt. Die Eingaben blieben übrigens – wie alle Eingaben dieser Welt – erfolglos.

Verlassene Schönheit

Herzog Heinrich sammelte daraufhin ein Heer von 11.000 Landsknechten sowie 2.000 Reitern und zog 1545 vor Wolfenbüttel auf, konnte die Festung aber nicht einnehmen, da seiner Armee schwere Geschütze fehlten. Die Sachsen und Hessen trommelten währenddessen ihre Truppen zusammen und standen dem Herzog bald mit einer doppelten Übermacht gegenüber. Heinrich ergab sich wohlweislich nach kurzen Kämpfen, wurde gefangengenommen und im hessischen Ziegenhain inhaftiert.

Erst 1547 wendete sich das Blatt, als Kaiser Karl V. in der Schlacht bei Mühlberg den Schmalkaldischen Bund besiegte. Heinrich II. konnte nach Jahren der Schmach nach Wolfenbüttel zurückkehren und versuchte sogleich, die verabscheute Reformation rückgängig zu machen. Im permanent renitenten Braunschweig scheiterte er allerdings mit diesem Anliegen. Immerhin bekam Heinrich die Oberherrschaft über Braunschweig und die äußerst ertragreichen Erzbergwerke am Goslarer Rammelsberg zugesprochen. Wenn schon die Religion falsch ist, müssen wenigstens die Finanzen stimmen!

Sein letzter großer militärischer Erfolg war im menschlichen Bereich ein Pyrrhus-Sieg: 1553 fügte er Albrecht II. Alcibiades von Brandenburg-Kulmbach eine entscheidende Niederlage zu. 30.000 Männer stießen hier aufeinander, 4.000 von ihnen starben in einer der blutigsten Auseinandersetzungen der Reformationszeit, die schon einen kleinen Vorgeschmack auf die Gräuel des Dreißigjährigen Kriegs lieferte. Unter den vielen Toten waren auch Heinrichs älteste Söhne Karl Viktor und Philipp Magnus.

Das empfand Heinrich natürlich als ein großes Unglück – nicht zuletzt auch deshalb, weil damit sein drittgeborener Julius erbberechtigt wurde. Dieser war körperlich leicht behindert und galt schon von daher als ungeeignet, das Herzogtum zu lenken. Zudem sympathisierte der auch noch mit dem von seinem Vater so verabscheuten Protestantismus! Heinrich versuchte daher – allerdings vergeblich – einen Sohn aus seiner au-

 Schloss Wolfenbüttel

ßerehelichen Beziehung mit dem Hoffräulein Eva von Trott zu legitimieren. Auf diese Angelegenheit werden wir gleich noch zu sprechen kommen.

Julius versuchte sich dem Generationenkonflikt zu entziehen, indem er sich auf das Schloss Hessen zurückzog und sich dort auf den Regierungsantritt vorbereitete. Dieser ließ jedoch noch lange auf sich warten. Erst 1568 starb Heinrich in Wolfenbüttel – dessen Lebensmotto übrigens sinnigerweise »Meine Zeit mit Unruhe« lautete – und machte Platz für den von ihm verschmähten Sohn.

Nun darf man nicht dem Irrtum unterliegen, dass Heinrich der Jüngere nichts weiter im Sinn hatte, als Krieg zu führen. Denn er war auch ein kluger und weitsichtiger Herrscher, der bei aller persönlichen Frömmelei und adeligen Arroganz eine pragmatische Kirchenpolitik betrieb, indem er die politische Macht der katholischen Kirchen in seinem Einflussgebiet beschnitt. Auch führte er im Verwaltungs- und Justizbereich viele Reformen durch. Am weitreichendsten war aber sicherlich die Durchsetzung der sogenannten Primogenitur in Braunschweig-Wolfenbüttel, die schon von seinem Vater angestrebt worden war. Diese besagt, dass nur das älteste Kind das Erbe und die Rechtsnachfolge einer verstorbenen Person antritt. Damit verhinderte Heinrich, dass das Herzogtum weiter zersplittert wurde. Sein Bruder Philipp war ein Gegner dieser Neuerung – und wurde daher von Heinrich zwölf Jahre unter Arrest gehalten. Erst 1535 wurde die Primogenitur durch das Pactum Henrico-Wilhelminium endgültig eingeführt und 1539 auch durch den Kaiser bestätigt.

Als weitere Indizien für die staatsmännischen Qualitäten des Herrschers können seine Verdienste um das Forstwesen und das Unterharzer Hüttenwesen herangezogen werden, in dem er Hütten in Langelsheim und an der Oker sowie die Bergstädte Grund, Lautenthal, Wildemann und Zellerfeld gründete.

Auch für die Siedlung Wolfenbüttel selbst ging es nunmehr steil bergauf. Gleich zu Beginn seiner langen Regierungszeit er-

klärte er das Städtchen zur einzigen Residenz der Braunschweiger Herzöge. Die alte Wasserburg baute Heinrich der Jüngere zu einem Renaissance-Schloss um. Den damals dicht bebauten Schlossbezirk ließ er von mächtigen Verteidigungsbauten umfassen, die zum Kern der Festung Wolfenbüttel wurden. Und im Areal östlich der Festung entstand eine neue Vorstadt, die nach der dortigen Marienkapelle den schönen Namen »Zu unserer lieben Frauen« trug.

Die Geliebte

Und was ist jetzt mit Martin Luther und seiner Abneigung gegen Heinrich?

Einige Punkte, warum Luther Heinrich den Jüngeren so gar nicht leiden konnte, sind schon genannt worden, zum Beispiel dessen Verwicklungen in die damaligen Machtkämpfe, deren Fronten an konfessionellen Grenzen verliefen. Heinrich soll sogar selbst durch eigene Wortmeldungen in diese Auseinandersetzungen eingegriffen haben – ein gefundenes Fressen für den wortgewaltigen evangelischen Prediger.

Hinzu kam, dass der »wilde Heinz von Wolfenbüttel«, wie ihn Freund und Feind gerne nannten, aufgrund seines Privatlebens nicht wenig Angriffsfläche bot. Insbesondere seine langjährige Affäre mit einer Hofdame sorgte für anhaltenden Gesprächsstoff. Mit seiner Frau Maria, der Tochter des Grafen von Württemberg, bekam Heinrich elf Kinder. Bei weitem nicht genug, dachte er sich wohl, weshalb er eine Liebschaft mit Eva von Trott begann, die einer nordhessischen Adelsfamilie entstammt – und 1522 nach Wolfenbüttel kam, um der Gemahlin des Herzogs, Marie von Württemberg, als Hofjungfer zu dienen.

Bereits 1524 wurde Eva zum ersten Mal schwanger. Sie brachte ihre Kinder heimlich auf der Stauffenburg bei Seesen zur Welt, die Sprösslinge wurden als Kinder von Vertrauten des Herzogs ausgegeben. Natürlich wusste aber ganz Wolfenbüttel was wirklich los war. Daher verfiel Heinrich auf die Idee, Eva verschwinden zu lassen, indem er sie zum Schein beerdigen ließ. Sie sei an der Pest gestorben, ließ er verbreiten, um eine genauere Untersuchung der Leiche zu unterbinden. Statt ihrer wurde eine Puppe mit Holzkopf begraben, Eva hingegen lebte fortan putzmunter auf der Stauffenburg. Um Neugierige fernzuhalten, ließ Heinrich Gruselgeschichten über die Burg verbreiten. Doch natürlich nützte das nichts, die Kunde von der gotteslästerlichen Verbindung drang sogar bis zu Martin Luther vor.

Nach dem Tod seiner Frau weilte er sogar noch öfter bei ihr, eine Heirat kam jedoch nicht in Frage – Eva von Trott war nicht standesgemäß (und eigentlich ja sogar tot). 1543 wurde Heinrich aus Wolfenbüttel vertrieben und Eva damit ebenfalls heimatlos. Zurück an der Macht heiratete er 1556 eine polnische Prinzessin. Diese Ehe blieb jedoch kinderlos und Heinrich und Eva weiterhin liiert. Ihre letzten Lebensjahre verbrachte sie im Kreuzstift zu Hildesheim, ihre Kinder wurden 1547 mit dem Namen »von Kirchberg« geadelt.

Wilhelm Raabe hat diese Geschichte literarisch in »Nach dem großen Kriege« verarbeitet.

Und Martin Luther hatte einen Grund mehr sich aufzuregen.

Kleine Tierkunde

Wolfenbüttel hat nichts mit einem Wolf zu tun, der Namen soll sich vielmehr von einem mythischen Siedler namens Wulferus ableiten, der sich in den Niederungen der Okeraue niedergelassen hatte, als gäbe es keinen besseren Ort auf der Welt. Sumpfig war die Gegend damals und nicht wenige sagen, dass Wolfenbüttel auch heute noch ein Sumpf ist.

Wulferisbutle wurde wie gesagt im Jahr 1118 das erste Mal urkundlich erwähnt. Wobei die Endung »butle« oder eben »büttel« für Siedlung oder Gehöft steht und im mittelalterlichen Norddeutschland Adelssitze oder Herrenhäuser oder auch kleine Ansiedlungen bezeichnete. 200 Büttels gibt (oder gab) es mal, Wolfenbüttel ist das südlichste von ihnen. Und kein anderes hat es auch nur annähernd zu irgendeinem Ruhm gebracht – weder Aas- noch Appelbüttel, weder Bienen- noch Hummelsbüttel, weder Ribbes- noch Rötges-, weder Harms- noch Hankensbüttel (na gut, letzteres immerhin als Heimat von Hamstern oder wie diese Tiere heißen). Einzig Wolfenbüttel ist über die eigenen Ortsgrenzen hinaus bekannt geworden (sieht man mal von Fuhls-, Poppen- und Brunsbüttel ab). Auch ein anderes Wolfenbüttel – das in der Gemeinde Busenwurth – kennt niemand.

Mit Löwen hat Wolfenbüttel eigentlich auch nichts am Hut, denn Braunschweig besteht darauf, die Löwenstadt zu sein. Aber immerhin ist der Löwe (in früheren Zeiten auch der Leopard) das Wappentier der Welfen – und damit ist dann doch eine einigermaßen stabile Brücke nach Wolfenbüttel geschlagen.

Was aber hat es mit dem silbernen Pferdchen auf sich, das im Wolfenbütteler Wappen in Kombination mit einer roten Säule, einem Krönchen und einem Stern zu finden ist? Es erinnert natürlich an das Sachsenross, das heutige Wappentier Niedersachsens und Westfalens. Die Welfen benutzten das Pferd als Symbol immer dann, wenn sie Anspruch auf Städte und Regionen erhe-

Hinter Gittern: Wolfenbüttels Tierwelt

ben wollten, die auf sächsischem Stammesgebiet lagen. Sie versuchten damit an vermeintliche Traditionen anzuknüpfen, die es so jedoch nie gegeben hat, bevorzugten die historischen Sachsen doch eher Hirsche und Wildschweine in ihren Darstellungen. Die waren ihnen wahrscheinlich geläufiger. Und schmeckten auch besser.

Dafür mögen Mädchen aber Pferde lieber, besonders wenn sie sie reiten dürfen. Und das wird vermutlich dafür ausschlaggebend gewesen sein, dass Wolfenbüttel nunmehr durch ein Pferd repräsentiert wird und nicht durch einen schmutzigen Keiler.

Der Vorbildliche

Aliis inserviendo consumor – Im Dienste anderer verzehre ich mich. So lautet das in seiner übertrieben erscheinenden Bescheidenheit sehr unbescheidene Motto von Julius, Herzog zu Braunschweig und Lüneburg und Fürst von Braunschweig-Wolfenbüttel, der 1528 in Wolfenbüttel geboren wurde.

Er regierte von 1568 bis 1589 und gilt als einer der bedeutendsten Herrscher des kleinen Fürstentums. Wie im Kapitel über seinen Vater Herzog Heinrich den Jüngeren erwähnt, sollte er eigentlich gar nicht regieren. Sein Vater verübelte seinem Filius Julius nämlich, dass dieser zum Protestantismus neigte. Und stand nicht auch sein Hinken seiner Herrscherrolle entgegen? Auch jagen und reiten wollte er nicht, stattdessen lieber lesen und denken und französisch reden. Und studiert hatte er auch noch! Wäre es da nicht besser, er würde Geistlicher werden? Das könnte ihn auch vom Protestantismus abbringen.

Nun, Julius zog sich einfach auf das Schloss Hessen zurück, als klar war, dass er nach dem Tod seiner beiden älteren Brüder in der Schlacht von Sievershausen Thronfolger wurde. So konnte er im Amt Hessen auch neue Methoden der Wirtschaft und Verwaltung ausprobieren.

Und sein Vater sollte in Teilen recht behalten. Zwei Monate nach Regierungsantritt führte Julius die Reformation ein, Krieg führen war seine Sache jedoch nicht. Stattdessen kümmerte er sich lieber um den Abbau von Bodenschätzen und gründete Bergwerke. Von militärischen Auseinandersetzungen profitierte der überzeugte Anhänger der neuen merkantilistischen Wirtschaftsweise zwar auch, aber nur über den Umweg einer florierenden Waffenindustrie. Zudem machte er die Oker zwischen Wolfenbüttel und dem Harz schiffbar, um Rohstoffe und Waren besser, schneller, effektiver transportieren zu können. Und er stiftete 1576 die Universität Helmstedt, die Academia Julia.

Außerdem ließ er seinem Vater zu Ehren die Heinrichstadt anlegen – immerhin die erste planmäßig angelegte Stadtanlage der Renaissance in Deutschland. Er erwog sogar, bei Wolfenbüttel das Gotteslager als eine ganze neue Industrie- und Handelsstadt zu gründen, als Konkurrenz zum immer noch unbotmäßigen Braunschweig. Immerhin wertete er 1570 Wolfenbüttel auf, in dem er der Stadt das Stadt-, Markt- und Wappenrecht verlieh.

Nicht zu vergessen die Bibliothek, als deren eigentlicher Gründungsakt der Erlass seiner Liberey-Ordnung im Jahr 1572 gelten kann, die den Umgang mit der schon zum Teil von seinem Vater übernommenen Büchersammlung regelte. Zum Beispiel mussten von nun an alle Seiten vor und nach der Benutzung gezählt werden und es war jetzt auch verboten, Messer mit in die Bibliothek zu bringen sowie Talare oder weite Überröcke zu tragen. Und Ausleihen waren nur noch ausnahmsweise mit einer schriftlichen Genehmigung möglich. Der erste Bibliothekar, Leonhart Schröter, kündigte allerdings wegen Arbeitsüberlastung – er hatte nämlich auch noch als Musiker, Sekretär und Erzieher zu wirken und zu werken.

Gleichwohl vergrößerte sich der Bestand der Bibliothek nunmehr von Jahr zu Jahr, so dass sie im 17. Jahrhundert die größte nördlich der Alpen war und als das »achte Weltwunder« bezeichnet wurde. Noch heute ist sie eine wichtige Forschungsstätte für mittelalterliche Buchkunst sowie für die Geistes- und Kulturgeschichte des 16. bis 18. Jahrhunderts.

Nun ist auch die Herrschaftszeit von Herzog Julius nicht makellos, setzte er doch zur Mehrung des Vermögens seines Fürstenturms auf den Stein der Weisen, mit dem aus Blei Gold gemacht werden sollte. Dazu engagierte er um 1571 einen gewissen Philipp Sömmering, der für seine vorgeblich harte Arbeit verdammt viel Geld nahm. In der Apotheke vor dem Schloss forschte er alchimistisch oder tat zumindest so. Seine Tinktur zum Goldmachen versuchte er aus Weingeist und Quecksilber herzustellen. Doch auch beim Herstellen von Musketenrohren, künstlichen Perlen und Heilmitteln hatte er nur wenig Erfolg und als Berater in

Bergwerksfragen taugte er – mangels einschlägigen Wissens – nur sehr bedingt.

1574 bereitete er seine Flucht aus Wolfenbüttel vor, wurde jedoch verhaftet, bevor er die Stadt verlassen konnte. Im Februar des Folgejahres verurteilte man Philipp Sömmering zu Tode. Nahe dem Schlossplatz wurde er – dem man auch nachsagte, dass er die Herzogin Hedwig hatte vergiften wollen – mit glühenden Zangen gefoltert, geschleift und schließlich gevierteilt.

Zurück zu Julius. Dieser hinterließ seinem Sohn Heinrich Julius ein geordnetes und schuldenfreies Herzogtum, obwohl er zwar »streng gegen sich, treu in seiner Pflicht, rastlos thätig«, aber auch »eine mehr arbeitsame als geniale Natur«[4] war.

Der Künstler

Pro Patria Consumor – Für das Vaterland verzehre ich mich. Das war das Motto des ältesten Sohns von Herzog Julius und seiner Ehefrau Hedwig, der bereits als Zwölfjähriger Rektor der von seinem Vater gegründeten Universität Helmstedt wurde und im zarten Alter von zwei Jahren die Herrschaft im Bistum Halberstadt antrat. Unter Vormundschaft natürlich, aber immerhin.

Nun, zumindest tat Julius alles, um seinen 1564 geborenen Sohn angemessen auf die großen Aufgaben vorzubereiten, schickte ihn in Gandersheim zur Schule und ließ ihn in Helmstedt studieren und in den alten Sprachen, aber auch in theologischen und juristischen Dingen unterrichten. Summa summarum muss er im Rückblick als einer der gebildetsten Herrscher seiner Zeit gelten.

Bei Regierungsantritt 1589 stand Heinrich Julius gleich vor großen Aufgaben. Da war zum Beispiel das unvollendete Bauprojekt einer großen Handels- und Industriestadt »Gotteslager« vor den Toren Wolfenbüttel, das immer noch aus einer nur notdürftig befestigten Arbeiter- und Handwerkersiedlung bestand. Statt dieses unrealistische Projekt weiter zu verfolgen (der Stadtteil ist heute unter dem Namen »Juliusstadt« bekannt), kümmerte er sich lieber um den Ausbau des Kerns seiner Residenzstadt, der »Heinrichstadt«.

So wurde auf dem Gelände des heutigen Stadtmarkts ein Teich zugeschüttet. Der Rat der Stadt erwarb hier gleich das repräsentativste Gebäude und richtete sich ein Rathaus ein. Bisher hatte man immer in Wohnungen oder Schänken tagen müssen. Auch ein neues Kanzleigebäude im Stile eines italienischen Palazzo wurde hier errichtet. Und im Jahr 1608 wurde gar der erste und lange Zeit größte nennenswerte protestantische Kirchenneubau Norddeutschlands in Angriff genommen, die

Mutig ins Maul gefasst

Hauptkirche Beatae Mariae Virginis, die die kleine Marienkapelle ersetzen sollte.

Paul Francke, der sich immerhin durch die Errichtung des Hauptturms des Schlosses und den Bau des Zeughauses bewährt hatte, wurde durch den hohen und schwankenden Grundwasserspiegel vor echte Probleme gestellt. Pfahlroste brachten die Lösung. Herzog Heinrich Julius ließ sich auch nicht lumpen und brachte aus Prag einen Altar als Andenken mit, den er der Kirche großzügig stiftete. Erst 35 Jahre später wurde sie vollendet (vom provisorischen Turmbau mal abgesehen). Die Besichtigung der Marienkirche, der Hauptkirche am Kornmarkt, gehört auch heute noch zu einem Besuch in Wolfenbüttel einfach dazu.

Jedenfalls gab es zu diesem Zeitpunkt in Norddeutschland keine derart geschlossen konzipierte Renaissance-Stadt. Man kann das Konzept noch heute erkennen, denn weder Kriege noch Brände, noch die Städteplanungen des 20. Jahrhunderts konnten dem Erscheinungsbild trotz aller Bemühungen größeren Schaden zufügen. Übrigens kümmerte sich Heinrich Julius auch um die anderen Städtchen seines Landes und ließ in Helmstedt ein zentrales Hörsaalgebäude errichten, das er zu Ehren seines Vaters »Juleum« nannte.

Wichtig war es ihm aber auch, Wolfenbüttel als Festung umzubauen. Dazu zählten die tiefgestaffelten Befestigungsanlagen mit Wällen und Bastionen, die dreistöckigen Kasematten und eine 3.000 Soldaten umfassende Garnison. Potenzielle Belagerer sollten von vornherein abgeschreckt werden. Zu Beginn des Dreißigjährigen Krieges war Wolfenbüttel damit die stärkste Festung in ganz Norddeutschland.

Das alles kostete natürlich viel Geld, zudem auch die nicht enden wollende Fehde mit Braunschweig (die Stadt bestand partout darauf, unabhängig zu werden) auf Dauer nicht ganz billig war, so dass stetig Spenden gesammelt wurden, um die Bauvorhaben umzusetzen. Von nun an sollten auch für schwere Straftaten vor allem Geldstrafen verhängt werden.

Gib Küsschen!

Nicht unwichtig war aber auch, dass Herzog Heinrich Julius, Fürst zu Braunschweig-Wolfenbüttel, Herzog zu Braunschweig und Lüneburg und Bischof von Halberstadt, ein eifriger Förderer der Künste war. Auf die Schauspieltruppe von Thomas Sackville werden wir noch zu sprechen kommen, auch auf den Komponisten Michael Praetorius. Überhaupt versammelte Heinrich Julius an seinem Hof viele Gelehrte und Künstler, wie den als Hofastronom beschäftigten Johannes Krabbe. Heinrich Julius war selbst literarisch engagiert und verfasste einigermaßen erfolgreiche Stücke, die sogar außerhalb der Stadt aufgeführt wurden.

Gleichzeitig vergrößerte Heinrich Julius seinen Herrschaftsbereich, so dass das Herzogtum um 1600 die maximale Ausdehnung erreicht hatte. Um diese Erfolge zu sichern, musste er jedoch diplomatisch tätig werden, weshalb er sich ab 1600 bis zu seinem Tode mehrmals, zum Teil für längere Zeit, am kaiserlichen Hof in Prag aufhielt. Ihm gelang es sogar, das Vertrauen des katholischen Kaisers zu erlangen. Keine einfache Angelegenheit für einen Protestanten!

Ebenfalls um 1600 beschloss er, das Lehns- und Landesaufgebot zu reformieren – Teile der Bevölkerung wurden auf sein Geheiß hin militärisch ausgebildet. Heinrich Julius hoffte dadurch, weniger auf teure Landsknechte zurückgreifen zu müssen, die zudem dazu neigten nach getaner Arbeit – nach Kriegsende also – durch die Gegend zu marodieren. Ein misslungener Angriff auf die Stadt Braunschweig durch die neue Armee zeigte jedoch, dass diese Pläne noch nicht ausgereift waren.

Unrühmlich war allerdings auch das »eifrige Hexenbrennen«, für das er berühmt-berüchtigt war. Während seiner Herrschaft erreichte die Hexenverfolgung in Braunschweig-Wolfenbüttel ihren Höhepunkt. Zwischen 1590 und 1620 wurde 114 Menschen wegen »Zauberei« angeklagt, mehr als 50 von ihnen wurden anschließend verbrannt. Auch Juden hatten unter Heinrich Julius zu leiden. 1591 verwies er alle Angehörigen dieser Religionsgemeinschaft des Landes.

Heinrich Julius starb am 20. Juli 1613 in Prag und wurde in Wolfenbüttel beigesetzt. Seinen Sohn und Nachfolger Friedrich Ulrich hinterließ er ein aufstrebendes Herzogtum – und 1,2 Millionen Taler Schulden.

Wolfenbüttel liegt in Italien.

Der Schauspieler

An der Ecke Stadtmarkt und Kanzleistraße finden Sie ein hübsches kleines Kaffeehaus, das Café am Stadtmarkt. Es hat eine große Geschichte. Nun ja, eigentlich hat nicht das Café, sondern das Haus eine große Geschichte. Es ist nämlich einst von Thomas Sackville erworben worden, als dieser das unsichere Künstlerdasein – mir müssen Sie nichts erzählen! – mit dem Leben eines Tuch- und Seidenhändlers tauschte. Bis zum Hoflieferanten brachte es der englische Emigrant und konnte sich damit auch ein Haus in der Kanzleistraße zwischen all den hochherrschaftlichen Hofbeamtenhäusern leisten.

Geboren wurde er vermutlich in Dorsetshire in Südwestengland. 1592 reiste er mit John Bradstreet und anderen Schauspielern über die Niederlande nach Deutschland, um hier mit ihrer Wanderbühne die Menschen zu erfreuen. Es mag auf den ersten Blick erstaunen, dass es englische (und damit auch englischsprachige) Theaterkünstler auf den Kontinent verschlug, doch die Schauspielkunst war auf den Britischen Inseln (und übrigens auch in Frankreich und Italien) schon wesentlich weiterentwickelt als im rückständigen Deutschland. Während damals dort das Jahrtausendgenie William Shakespeare schon seine unsterblichen Stücke schrieb, dilettierten in Deutschland bestenfalls ein paar Laien beim Fastnachtsspiel oder in Schultheatergruppen vor sich hin.

Anfangs spielten die englischen Schauspieler in Deutschland auch Stücke in ihrer Muttersprache – beziehungsweise leicht verständliche Szenen daraus – doch schon bald gingen sie dazu über, die Sprache ihres Gastlandes zu benutzen. Und sie ergänzten ihre Aufführungen durch akrobatische und musikalische Einlagen sowie durch die Auftritte eines improvisierenden und mit dem Publikum interagierenden Narren. Sackville – der Chef der Truppe – spielte die Rolle der grimassierenden, burlesken »Lustigen

Person«, die bei ihm meistens Johan Boset hieß, einfach gleich selbst.

Doch wie kam Sackville nach Wolfenbüttel? Herzog Heinrich Julius zu Braunschweig-Lüneburg hatte wohl bei der Hochzeit mit seiner zweiten Frau, einer dänischen Prinzessin, auf Schloss Kronsberg erstmals englische Komödianten erlebt und sich sogleich für sie begeistert. 1593 trat daher Thomas Sackville mit seiner Truppe in die Dienste des Herzogs. Sie spielten jedoch nicht nur am Hof, sondern auch auf der Straße und auf den Märkten der Stadt. Unter anderem führten sie auch Stücke des Herzogs auf, der es sich nicht nehmen ließ, selbst zu Tinte und Feder zu greifen, um das Volk mit Schwänken zu unterhalten, zu bessern und zu belehren.

Auf dem Höhepunkt ihres Ruhms 1596 durfte die achtzehnköpfige Gruppe dann mit dem Herzog nach Kopenhagen zur Krönung von Christian IV. zum dänischen König reisen. Nach einer Süddeutschland-Tournee löste sich die Gruppe, die immerhin das erste stehende Theater Deutschlands bildete, jedoch sang- und klanglos auf. Und Thomas Sackville – einer der ersten namentlich bekannten Berufsschauspieler in Deutschland – wurde 1602 als Kaufmann in Wolfenbüttel ansässig. 1628 starb er hier, in seiner neuen Heimat.

Der Komponist

Wenn Sie Michael Praetorius suchen, finden Sie ihn unter der Orgelempore der Wolfenbütteler Hauptkirche, die den sperrigen Namen Beatae Mariae Virginis trägt und daher gerne und etwas uncharmant BMV abgekürzt wird. Der Platz, an dem sie steht, heißt Michael-Praetorius-Platz – man darf also davon ausgehen, dass der Namensträger nicht ganz unbedeutend war.

Geboren wurde er 1571 oder 1572 als Michael Schulteis in Creuzburg/Werra. Sein Vater war Lehrer und Pastor, der Besuch der Lateinschule in Torgau und Zerbst war damit obligat. Sein Studium der Theologie und Philosophie in Frankfurt/Oder – wo er auch schon als Organist arbeitete – beendete er jedoch ohne Abschluss. Was er in den folgenden Jahren getrieben hat, ist immer noch ungeklärt, möglicherweise hat er sein Studium in Helmstedt fortgesetzt.

Danach lief es jedoch auf jeden Fall rund mit seiner Karriere. 1593/94 wurde Schulteis, der seinen Namen zu Praetorius lateinisierte, Kammerorganist in Wolfenbüttel und arbeitete auch auf Schloss Gröningen bei Halberstadt, wo 1596 die drittgrößte Orgel Deutschlands eingeweiht wurde. An den Feierlichkeiten nahmen über 50 Organisten teil. 1604 wurde er schließlich Hofkapellmeister im Dienste von Herzog Heinrich Julius. Sein Aufgabengebiet umfasste den Organistendienst, die Leitung der Hofkapelle bei Gottesdiensten, die musikalische Aufwartung vor Tisch und im Gemach, die musikalische Gestaltung von Festen und ganz nebenbei auch noch die Unterweisung der herzoglichen Kinder im Spielen von Instrumenten.

Mit dem Komponieren seiner eigenen Werke – 1.700 an der Zahl – schaffte er es, sich in die Musikgeschichte zu schreiben. Neben kirchliche Stücken verfasste er auch weltliche Tänze, unter anderen 1609 den vierstimmigen Chorsatz zu »Es ist ein Ros' entsprungen«. Und als ob das alles noch nicht genug wäre, brachte er auch noch theoretische Schriften zu Papier. Sein Hauptwerk: »Syntagma musicum« über die musikalische Praxis und alle gebräuchlichen Musikinstrumente seiner Zeit.

Ein Haus am Kornmarkt und später das Haus am Großen Zimmerhof 20 war der Lohn für all diese Mühen. Nach dem Tod seines Förderers Herzog Julius lebte er weiter in Wolfenbüttel, nutzte jedoch seinen verdienten Ruhm, um als musikalischer Leiter die Welt zu bereisen, namentlich Bückeburg und Magdeburg, Dresden und Kassel, Kopenhagen und Prag. Gemeinsam mit Gottfried Fritzsche plante er die Orgel für die Hauptkirche, ihre Fertigstellung erlebte er jedoch selbst nicht mehr. Immerhin wurde er – wie oben erwähnt – unter ihr beigesetzt.

Der Kapellmeister

Er war einer der beliebtesten Komponisten in der zweiten Hälfte des 17. Jahrhunderts, insbesondere seine Instrumentalwerke waren damals äußerst populär: Johann Rosenmüller. Trotzdem erinnert man sich nicht unbedingt gerne an ihn, vielleicht weil der 1619 in Ölsnitz im Vogtland geborene Sohn eines Mühlenbesitzers zwar eine steile Karriere hinlegte (Studium der Theologie in Leipzig, Mitarbeiter an der Thomasschule, Organist an der Nikolaikirche, Leiter des Collegium Musicum am Altenburger Hof), sie aber erst einmal gründlich in den Sand setzte, indem er sich in Verruf brachte. 1655 musste Rosenmüller nämlich Leipzig verlassen, da er 20 ihm anvertraute Schüler missbraucht haben soll. Der Vorwurf: »Sodomitisches Knabenschänden (...) auf gut Italienisch«[5]. Bitte googeln Sie nicht, was das genau bedeutet!

Rosenmüller flüchtete gen Hamburg und tauchte fünf Jahre später in Venedig wieder auf – um dort ein angesehenes Mitglied der Gesellschaft zu werden. Vermutlich war er Komponist an einer der großen Kirchen der Stadt und machte deutsche Reisende mit italienischer Musik bekannt. Er nahm dabei nicht nur Kontakt zur Weimarer Hofkapelle auf, sondern wurde 1682 zum Hofkapellmeister in Wolfenbüttel ernannt. Bereits zwei Jahre später verstarb er in seiner neuen norddeutschen Heimat.

Der Söldner

Wie gesagt: Finstere Zeiten waren das damals! Besonders während des sogenannten »Dreißigjährigen Kriegs« von 1618 bis 1648 als Deutschland »nunmehr ganz, ja mehr denn ganz verheeret!« (Andreas Gryphius) war. »Sogenannt« schreib ich, weil er eigentlich lediglich Teil einer noch weit größeren Auseinandersetzung war, zu der auch der »Achtzigjährige Krieg« zwischen Spanien und den Niederlanden (er endete ebenfalls 1648), der Französisch-Spanische Krieg von 1635 bis 1659 und der Torstenssonkrieg zwischen Dänemark und Schweden (1643 bis 1645) gehörte. Formal ging es dabei um einen konfessionellen Konflikt zwischen Katholiken und Protestanten, aber letztlich kann man diesen religiösen Aspekt auch als vorgeschoben betrachten, ähnlich vielleicht des heutigen, nicht enden wollenden Nahost-Konflikts, unter dem Schiiten, Sunniten, Jesiden, Juden und Christen gleichermaßen zu leiden haben.

Auch die Festung Wolfenbüttel blieb damals nicht vom Kriegsgeschehen unbehelligt und wurde von 1627 bis 1643 von kaisertreuen katholischen Truppen unter Führung von Johann von Reuschenberg besetzt. Ab 1634 wurde er dabei von Levin Zanner unterstützt, der scherzhaft Rittmeister Nimmernüchtern beziehungsweise noch scherzhafter Rittmeister Immernüchtern genannt wurde – ein Freischärler, der sich vermutlich aus mehr monetären als religiösen Gründen auf die Seiten der Katholiken geschlagen hatte.

Geboren wurde er wahrscheinlich in Klein Heere im Amt Wohldenberg und das ist auch so ziemlich alles, was über seine Herkunft halbwegs sicher bekannt ist. Wohnhaft in Wolfenbüttel im Kleinen Zimmerhof 16 unternahm er im Auftrag seines Kommandanten Ausfälle aus der Festung, um Vieh, Lebensmittel, Waren und Geld zu erbeuten. Der Aktionsradius seiner Freireuter betrug dabei immerhin rund 100 Kilometer. Auch Angriffe auf schwedische Soldaten gehörten zu ihrem Aufgabenbereich. Zanner galt als besonders verwegen und ihm wurde nachgesagt, dass er im Bund mit dunklen Mächten und daher vor Kugeln gefeit sei. »(E)tzliche tausend«[6] Schweden habe er auf dem Gewissen.

Mit dem Morden und Rauben war Schluss als er im Jahr 1641 bei einem Beutezug bei Lutter am Barenberge gefangengenommen und nach Hildesheim gebracht wurde. Doch der Hund wollte einfach nicht sterben. Auf dem Galgenberg, erzählte man sich, habe man auf den Unverwundbaren geschossen, doch er war »fest oder gefroren«[7], so dass keiner der zwanzig Schüsse, »durchgangen« sei. »(D)annenhero« sei »ihm der Kopf mit einem Beil zerschlagen worden«, wonach er endlich »untern Galgen geschleppt todt liegen geblieben«[8] sei. Dem Begräbnis am nächsten Tag weilte Herzog Christian Ludwig zu Braunschweig-Lüneburg bei – wohl um sicher zu gehen, dass der Schuft auch wirklich tot war.

Wilhelm Raabe ließ es sich nicht nehmen, dem berühmten Söldner in »Lorenz Scheibenhart. Ein Lebensbild aus wüster Zeit« ein Denkmal zu setzen. Es dauerte übrigens nach Zanners Tod noch zwei Jahre bis Gottfried Heinrich zu Pappenheim endlich den Befehl gab, den katholischen Vorposten auf- und Wolfenbüttel freizugeben.

Ich will da rein!

Ein musealer Spaziergang durch Wolfenbüttel

Kinder sind nicht immer besonders begeistert, wenn es heißt »Freut euch, heute gehen wir ins Museum!«. Die Antwort lautet dann oft: »Geht nicht, ich muss erst noch sterben.« Und dann wenden sich die lieben Kleinen wieder ihrer Spielekonsole zu. Die ARCHÄOLOGIE IN DER KANZLEI (Kanzleistraße 3) hat immerhin den Vorteil, dass die jungen Besucherinnen und Besucher die Möglichkeit geboten bekommen, selbst etwas zu machen, zum Beispiel Mehl zu mahlen oder Feuersteine zu schlagen – wie vor ein paar tausend Jahren als es noch keine Mikrowelle, kein Smartphone und keine Spielekonsole gab. Das Museum ist in einem ehemaligen Verwaltungsgebäude untergebracht. Der Schwerpunkt liegt auf der regionalen Vor- und Frühgeschichte (seit mindestens 500.000 Jahre leben hier Menschen) sowie auf der lokalen mittelalterlichen Historie – kein schlechter Ort also, um einen musealen Spaziergang durch Wolfenbüttel zu beginnen.

Unsere nächste Station: die Gedenkstätte in der Justizvollzugsanstalt. Schon in einem Vorläuferbau, in der Bastion Philippsberg (die Teil der gewaltigen Festungsanlage war, die Wolfenbüttel umgab) war seit 1506 ein Militärgefängnis untergebracht. Im wilhelminischen Kaiserreich musste das Gefängnis aufgrund der Zunahme der Bevölkerung – und damit der Verurteilten – erweitert werden. Einige Jahrzehnte später nahm die Zahl der Häftlinge noch einmal deutlich zu. Allerdings deshalb, weil einfach mehr Menschen eingesperrt wurden. Das führte zu einer dramatischen Verschlechterung der Haftbedingungen und betraf alle Lebensbereiche, von der Ernährung und Bekleidung bis zu den hygienischen Verhältnissen und zur medizinischen Versorgung.

Noch schlimmer: Ab 1937 wurde die anstaltseigene Schlosserei zu einer der beiden zentralen Hinrichtungsstätten in Norddeutschland umgebaut. Zu Kriegsbeginn wurden immer mehr

Herz, Schmerz und dies und das

Wie kommt das Pferd auf den Fels? Und der Mann auf das Pferd?

Delikte mit dem Tode bestraft, viele davon aufgrund abenteuerlicher juristischer Grundlagen wie der »Volksschädlingsverordnung« und des »Heimtückegesetzes«. Schon das Erzählen eines guten Witzes konnte den Tod durch das Fallbeil bedeuten! Auch »Wehrkraftzersetzung« oder das Hören eines »Feindsenders« wurden schwer bestraft, ebenso wie »Schwarzschlachten« und »Plündern«. Für Soldaten gab es zusätzlich Delikte wie »Feigheit vor dem Feinde«, »Fahnenflucht« und »Selbstverstümmelung«. Zu den deutschen Insassen kamen Widerstandskämpfer aus den besetzten Ländern, die ebenfalls hier in Wolfenbüttel umgebracht wurden. Bis Kriegsende wurden 600 Todesurteile vollstreckt.

Anhand von 15 Stelltafeln und 20 biografischen Ordnern wird in der GEDENKSTÄTTE IN DER JUSTIZVOLLZUGSANSTALT am Ziegenmarkt 10 anschaulich dargestellt, wie die NS-Justiz mit den unterschiedlichen Opfergruppen umging. Sie können sich also vorstellen, dass die Gedenkstätte nicht für jeden Menschen und jede Altersgruppe geeignet ist.

Kommen wir zu einem etwas schöneren Thema und eilen daher zu einem angenehmeren Ort: dem GÄRTNERMUSEUM (Neuer Weg 33). Die erste Erwerbsgärtnerei wurde schon 1532 angelegt. Gegen Ende des 18. Jahrhunderts wurde Wolfenbüttel dann zu einer wahren Gärtnerstadt und damit zu einem der größten Gemüseanbaugebiete Norddeutschlands. Drei große Bezirke vor den Stadttoren waren in der Hand der Gärtner, der Einsatz von Düngern führte zu zunehmend guten Ernten. Konservenfabriken sorgten dafür, dass der Ertrag haltbar gemacht werden konnte.

Damit nähern wir uns mit großen Schritten der Neuzeit – und damit dem KUBA-TONMÖBEL-MUSEUM (Lindener Straße 15). Die Firma Kuba-Imperial war von 1948 bis 1972 in genau diesem Gebäude ansässig. Weitere Standorte gab es in Braunschweig und in Osterode am Harz. Hergestellt wurden hier sogenannte Tonmöbel, also besonders schöne Fernseher, Plattenspieler, Tonbandgeräte und Radios, die miteinander kombiniert und in Schränke eingebaut wurden. Die Namen dieser kleinen Kunst-

Italienische Atmosphäre. Inklusive Motorroller und Tourist.

werke verraten einiges über den damaligen Musikgeschmack und die beliebtesten Reiseziele: Traviata, Puszta, Csardas, Adria, Venetia, Toskana, Napoli und Capri. Ja, der Besuch des Museums fühlt sich durchaus wie eine kleine Zeitreise an, denn neben den Plattenspielern liegen Singles von kleinen Schlagersternchen und großen Unterhaltungsstars.

Im selben Gebäude finden Sie ein weiteres Museum, allerdings eines ganz anderer Art: das AHA-ERLEBNISMUSEUM, das auf seinen 400 Quadratmetern Ausstellungsfläche ganz auf Kinder eingestellt ist. Was vor allem bedeutet, dass man hier keine Berührungsängste haben muss. Hier darf man nicht nur alles anfassen, man soll es sogar! Da das Museum ehrenamtlich betrieben wird, hat es auch einen ganz eigenen handgemachten Charme. Thematisch geht es oft um die menschlichen Sinne, aber auch um umwelt- und gesellschaftspolitische Themen werden gerne behandelt. Naturwissenschaftliche Fragen werden im wahrsten Sinne des Wortes begreifbar gemacht. Workshops gehören ebenfalls zum Programm und laden zum Mitmachen ein.

Der Gebildete

Nichts deutete bei seiner Geburt im Jahre 1579 darauf hin, dass der kleine August einmal als Herzog in Wolfenbüttel herrschen würde, zudem er das siebte und letzte Kind von Ursula von Sachsen-Lauenburg und Herzog Heinrich von Dannenberg aus der abgelegenen Celler Linie der Welfensippschaft war. Doch das aufgeweckte Kerlchen verließ schon mit 15 Jahren seinen wendländischen Heimatort Dannenberg, um in Rostock, Tübingen und Straßburg zu studieren. Seine Sprachbegabung (er beherrschte Latein, Griechisch, Englisch, Französisch und Italienisch) wird ihm bei seinen Reisen durch Italien, Frankreich, Holland und England durchaus dienlich gewesen sein.

Er wusste auch schon früh, was er wollte beziehungsweise was er *nicht* wollte: Eine Karriere als Geistlicher oder beim Militär lehnte er jedenfalls ab. Stattdessen wurde er im Alter von 25 Jahren Herrscher von Hitzacker (seinem »Ithaka«) mit immerhin 500 braven Untertanen, von denen allein 30 Bedienstete waren. Obwohl er während seiner dreißigjährigen Regierungszeit im Wendland 40 Menschen als Hexen hinrichten ließ, muss man ihn sich als gebildeten, ja geradezu feinsinnigen Mann vorstellen, der 1616 unter dem Pseudonym Gustav Selenus das erste deutschsprachige Schachlehrbuch veröffentlichte und im Jahre 1624 ein fünfhundertseitiges Standardwerk für Kryptologie und Kryptografie verfasste. Außerdem begann er schon in Hitzacker Bücher zu sammeln und ließ dafür angeblich sogar ein eigenes Bibliotheksgebäude bauen – nördlich der Alpen war dies eher ungewöhnlich. Gewiefter (Schach-)Taktiker, der er war, gelang es ihm, sein winziges Reich halbwegs unbeschadet durch die Wirren des Dreißigjährigen Krieges zu lavieren.

1634 kam dann seine große Stunde! Nach Aussterben der welfischen Hauptlinie wurde der Thron vakant. Es folgte ein verbissen geführter Erbfolgestreit, in dem sich August die Unterstützung des Kaisers Ferdinand II. im fernen Wien sichern konnte. Ein Jahr später wurde er im hohen Alter von 56 Jahren Herzog zu Braunschweig-Lüneburg und Fürst von Braunschweig-Wolfenbüttel. Allerdings musste er noch neun Jahre auf der Burg Dankwarderode in Braunschweig ausharren bis er endlich seine Herrschaft in Wolfenbüttel antreten konnte. Hierzu schloss er einen Separatfrieden mit Kaiser Ferdinand III., den Goslarer Frieden, der zwar eine Verkleinerung des Territoriums (das Stift Hildesheim musste abgetreten werden) brachte, dafür herrschte jedoch endlich Frieden in dem Herzogtum. Die dezimierte und verarmte Bevölkerung dürfte es gefreut haben. Symbolträchtig war, dass er bei seinem Einzug in Wolfenbüttel 55 Bücherkisten mit einem Gewicht von 470 Zentner im Gepäck hatte – der Grundstock der Bibliotheca Augusta.

Systematisch ließ er alle Kriegsschäden erfassen, um eine vernünftige Finanzplanung für den Wiederaufbau aufstellen zu können, den er über die Einkünfte aus dem Bergbau finanzierte. Er selbst lebte vergleichsweise bescheiden, auch wenn er natürlich die ramponierte Residenz sanieren ließ. Noch heute ist in Wolfenbüttel seine Handschrift zu erkennen, da er eine neue Handwerkervorstadt, die Auguststadt, planen und bauen ließen.

Des Weiteren begann August der Jüngere das heruntergekommene Herzogtum zu reformieren. Hierfür erließ er diverse Kammer-, Landes-, Kanzlei-, Schul-, Kloster-, Hofgerichts- und Kirchenordnungen. Auch die Einführung der allgemeinen Schulpflicht ist ihm zu verdanken.

Auch wenn ihm 1651 das Kunststück gelang, das Territorium des Herzogtums zu erweitern, in dem er die Grafschaft Blankenburg erwarb, muss gesagt werden, dass seine machtpolitischen Ambitionen eher begrenzt waren. Bis zu seinem Regierungsende im Jahre 1666 führte er keinen einzigen Krieg. Stattdessen baute er die Bibliothek zur größten Sammlung von Büchern und Handschriften auf dem ganzen Kontinent aus. Weitsichtig erkannte der Sprachgewandte, dass Deutsch die künftige Literatursprache sein würde. Als er im Februar 1632 auf dem Halberstädter Kreistag

Fürst Ludwig I. von Anhalt-Köthen kennenlernte, nahm dieser das Treffen zum Anlass, den Fürsten in die »Fruchtbringende Gesellschaft« aufzunehmen, einer losen Vereinigung von adligen und bürgerlichen Gebildeten mit dem Ziel, Deutsch zu einer einheitlichen Hochsprache mit klaren orthografischen und grammatikalischen Regeln zu entwickeln. Sein Gesellschaftsname lautete bezeichnenderweise »der Befreiende«. Im Köthener Gesellschaftsbuch ist Herzog Augusts Reimgesetz vermerkt, mit welchem er sich für die Aufnahme bedankte.: »Den lastern aber thut sich die Seel vnterwerffen«, hieß es darin, »Doch hat die Tugend hie sich sehen laßen dörffen, / Die macht aus Knechten herrn, die spricht die Fürsten frey / Von so viel vnd so lang geübter Tyranney«.[9]

Angesichts dessen überrascht es vielleicht nicht, dass Herzog August den Gelehrten Justus Georg Schottelius als Wissenschaftler und Erzieher seiner Söhne engagierte, der als Vater der deutschen Grammatik gilt. Wolfenbüttel war in dieser Zeit Mittelpunkt der deutschen Sprachforschung und Treffpunkt von Wissenschaftlern und Schriftstellern. Noch einmal zur Bibliothek: Die Bibliotheca Selenica (die später nach ihm benannt wurde) umfasste bei seinem Tod stolze 135.000 Titel, die systematisch in einem Katalog erfasst wurden. Darunter waren auch viele theologische Schriften. August selbst interessierte sich übrigens für verschiedene Geheimlehren und für Alchimie. Zu seinen Brieffreunden zählte Johann Valentin Andreae, der mutmaßliche Gründer der Rosenkreuzer.

Drei Ehen führte der Herr Herzog, aus der zweiten mit Dorothea von Anhalt-Zerbst ging ein gewisser Anton Ulrich hervor. 1666 starb er in Wolfenbüttel und seinem Wahlspruch »Alles mit Bedacht« (»Expende«) hat er zu Lebzeiten alle Ehre gemacht. Wenn man mal von der Sache mit den Hexen absieht. Sein Grab finden Sie natürlich in der Hauptkirche Beatae Mariae Virginis.

Manchmal etwas hüftsteif: der typische Wolfenbütteler

Der Sprachgelehrte

Kriegerische Zeiten waren das damals! Und künstlerische! Immerhin schwang sich die Dichtkunst in Deutschland in dieser Zeit zu ungeahnten Höhen auf. Die Erfahrungen von Krieg, Hunger und Krankheiten, von Zerstörung, Vergänglichkeit und Tod forderte neue Formen in der Lyrik, zumal die steten Drohungen des Sensenmanns eine unbändige Lebensgier entfachten. Man musste heute noch leben, weil morgen schon Gevatter Tod vor der Tür stehen konnte.

Und wer brachte den Deutschen das Dichten bei? Ein Wolfenbütteler namens Justus Georg Schottel!

Der Sohn eines Pfarrers wurde 1612 in Einbeck geboren und ging dort auch zur Schule. Nach dem Tod seines Vaters begann er eine Lehre, die er jedoch alsbald abbrach. Vielleicht fühlte er sich schon früh zu Höherem berufen. Mit 17 Jahren ging er nach Hildesheim, um das dortige Gymnasium Andreanum zu besuchen und verdiente sich seinen Lebensunterhalt als Nachhilfelehrer und Schreiber. Es folgte ein Studium in Helmstedt, Hamburg, Groningen, Leiden und Wittenberg. 1638 dann die nächsten Schritte auf der Karriereleiter: Er wurde Hauslehrer in Wolfenbüttel, erst bei der Familie von Hahn, dann durfte er die Söhne von Herzog August d.J. in Braunschweig unterrichten. Unter ihnen ein gewisser Anton Ulrich. Währenddessen promovierte Schottelius (der Name mittlerweile latinisiert) an der Universität Helmstedt zum Doctor beider Rechte. 1642 wurde er zum Assessor am Hofgericht ernannt.

Im selben Jahr wurde er unter dem Namen »der Suchende« (sein Motto: »reine Dünste«, sein Emblem: die Gemsenwurzel) zum Mitglied in der ersten und wichtigsten (und eben schon erwähnten) Sprachgesellschaft der Barockzeit, der »Fruchtbringenden Gesellschaft«, vermutlich als Belohnung für sein Werk »Teutsche Sprachkunst«, das im Vorjahr erschienen war. Das

Reimgesetz, das er bei Aufnahme in die Gesellschaft verfasste, verdeutlicht die politische Zielsetzung seiner sprachwissenschaftlichen Arbeit: »Die Gemsenwurtzel wird auch Schwindelkraut genant, / Von Jägern die dem thier' in bergen hoch nachsteigen: / Die reinen dünst' ich such' und mache sie bekant, / Die unsrer Deutschen sprach in ihrer art seind eigen, / Recht auf dem grunde geh', und drin bleib' unverwand: / Heis Suchend, auch wil fort, was sich drin finded Zeigen, / Zu bringen frucht die wol dem Vaterlande nutzt, / Und mit der Deutschen Zung' all' andre frembde trutzt.«[10]

Seine Sprachforschung war also patriotisch motiviert. Bei allem was er schrieb – Schauspiele, religiöse Dichtung, Gelegenheitsgedichte sowie juristische und philosophische Abhandlungen – ging es ihm immer um ein moralisches und pädagogisches Besserungsprogramm für das deutsche Volk, welches in dieser Zeit begann, ein Bewusstsein von sich selbst zu entwickeln. Bei »Ethica. Die Sittenkunst oder Wollebenskunst« ist dies offensichtlich, doch auch die »Teutsche Vers- oder Reimkunst«, die »Kurtze und gründliche Anleitung Zu der RechtSchreibung und Zu der WortForschung in der Teutschen Sprache« oder die »Ausführliche Arbeit von der Teutschen HaubtSprache« dienten diesem obersten Ziel. Wer nicht vernünftig (deutsch) schreibt, führt auch kein sittlich richtiges Leben! Heute wird sein Werk als wichtige Vorarbeit für die Standardisierung des Deutschen im 18. Jahrhundert gesehen, Wortschöpfungen wie »Einzahl«, »Mehrzahl« oder »Stammform« gehen auf das Mitglied des Pegnesischen Blumenordens (eine bis heute bestehende Dichtervereinigung) zurück.

Noch bis 1646 arbeitete Schottelius als Erzieher der Prinzen, danach widmete er sich administrativen Aufgaben. 1676 starb er – und hinterließ ein großes Vermächtnis. Die Schotteliusstraße ist heute nach ihm benannt.

Wolfenbüttel ist eine alte Gärtnerstadt.

Der Dichter

Den Prinzen des Welfenhauses sollte es nicht an guter Erziehung mangeln! Deshalb wurde Ende 1645 der 1626 in Wildstein (bei Eger/Böhmen) geborene Sigmund Birken als zusätzlicher Erzieher für die Prinzen Anton Ulrich und Ferdinand Albrecht sowie für ihre Schwestern Sibylle Ursula, Clara Augusta und Maria Elisabeth engagiert. Anfang des Jahres hatte er sein erstes größeres Werk verfasst, die »Fortsetzung der Pegnitzschäferei«. Weshalb er nicht nur Mitglied des Pegnesischen Blumenordens wurde, sondern vom Leibarzt der Welfenfamilie auch gleich zum kaiserlichen Poeten ernannt wurde. Doch sein Engagement als Pädagoge währte nicht lange. Bereits im Oktober des Folgejahres wurde er entlassen. Sein Lebenswandel, hieß es, entspräche nicht den Vorstellungen des Herzogs.

Es folgten Reisen durch Norddeutschland und diverse Engagements als Erzieher und Dichter in Süddeutschland sowie die Erhebung in den Adelsstand. Seitdem nannte er sich Sigmund von Birken.

Sein Leben lang blieb von Birken jedoch seinem ehemaligen Zögling Anton Ulrich verbunden, dessen äußerst umfangreiche literarische Werke (unter ihnen der Roman »Die Durchleuchtige Syrerin Aramena«) er auch redigieren durfte. Als literarischer Berater Anton Ulrichs stellte er den Kontakt zwischen ihm und weiteren Nürnberger Literaten her, unter anderem zu den Mitgliedern des einflussreichen Pegnesischen Blumenordens (der ersten Dichtervereinigung, die auf Wunsch von Birkens auch Frauen aufnahm!) und zu der Dichterin Catharina Regina von Greiffenberg, der Anton Ulrich einen Band seines Romans »Die Römische Octavia« widmete.

1669 erschien schließlich »Guelfis oder Nider-Sächsischer Lorbeerhayn«, eine Sammlung von von Birkens Dichtungen auf das Wolfenbütteler Herrscherhaus aus über 20 Jahren, die taktisch klug Anton Ulrich gewidmet war.

1681 starb von Birken in Nürnberg.

Der Rechtsanwalt

Justus Oldekop werden Sie vermutlich nicht kennen. Sollten Sie aber!

1597 wurde er als Sohn eines Brauers in Hildesheim geboren. In Helmstedt studierte er Rechtswissenschaft, wurde jedoch wegen »tadelnswerten Betragens«[11] für ein Jahr relegiert. Sein Studium setzte er jedoch in Heidelberg, Marburg und Jena fort, promovierte 1627 zum Doktor der Rechte und arbeitete danach als Advokat und Sekretär der Stadt Hildesheim. 1630 wurde er hier sogar Ratsherr.

Doch zwei Jahre später folgte die Ausweisung aus der Stadt; die anschließende Odyssee führte ihn nach Osterode, Braunschweig und Wolfenbüttel. 1635 kehrte er nach Hildesheim zurück, weitere Stationen des unruhigen Geistes waren Hannover und Halberstadt.

1660 arbeitete er schließlich als Anwalt in Braunschweig, wo er die Verteidigung eines vierzehnjährigen Bauernmädchens übernahm, das wegen Kindsmord angeklagt war und dessen Geständnis durch Folter (»dass ihm die Knochen krachten«[12]) erpresst worden war. Eine als Sachverständige hinzugezogene Hebamme hatte noch nicht einmal Anzeichen einer Schwangerschaft feststellen können. Das Vorgehen des Gerichts widersprach damit allen Vorschriften der kaiserlichen Halsgerichtsordnung. Oldekop bezeichnete das Verfahren daher auch völlig zurecht als »jämmerlich, erbärmlich, widerrechtlich ... fast blutrünstig«[13]. Doch der um Rat gefragte Rechtsgutachter der Helmstedter Juristenfakultät empfahl ganz einfach die Wiederholung der Folter. Und der Rat der Stadt Braunschweig verhängte eine Disziplinarstrafe über Oldekop, der unter dem Läuten der Schandglocke der Stadt verwiesen wurde – und als Konsistorialrat nach Wolfenbüttel ging, wo er sich weiter mit Hilfe von Flugschriften für seine

Mandantin einsetzte. Das Ende des Prozesses erlebte er jedoch nicht mehr. 1667 starb er.

Die Region verlor damit einen mutigen Mann, der zu einem Gegner der Folter wurde, als ein Eintreten gegen diese Befragungsmethode leicht dazu führen konnte, ihr selbst unterworfen zu werden. In seiner 1659 erschienenen Kampfschrift gegen den damals führenden Hexenjäger Benedikt Carpzov nannte er die Folter eine »abscheuliche und barbarische Prozedur«[14], die dazu führe, dass »offenbare Falschheit« als »Wahrheit protocollirt und uffgeschrieben«[15] werde. Auch gegen Ämterkauf und Vetternwirtschaft wandte sich der Vor-Aufklärer, der seiner Zeit weit voraus war und sich auch für einen milderen Strafvollzug einsetzte. Man sollte ihm ein Denkmal setzen, kann sich Wolfenbüttel doch rühmen, dem mutigen Rechtsanwalt in finsteren Zeiten eine Heimstatt geboten zu haben.

Ein kultureller Spaziergang durch Wolfenbüttel

Über die Bundesakademie für die kulturelle Bildung sprachen wir ja schon im Zusammenhang mit dem Schloss, da sie dort ihre Verwaltungs- und einige Seminarräume hat. Weitere Räume (darunter die Gästezimmer) sind in der SCHÜNEMANNSCHEN MÜHLE im Rosenwall 17 zu finden. Wer also Lust hat, Fortbildungen in den Bereichen Bildende Kunst, Musik, Theater, Literatur und Museumsdidaktik sowie Kulturmanagement, -politik und -wissenschaft zu besuchen, findet hier nahezu ideale Bedingungen. Oder man besucht einfach eine der tollen Lesungen der mehr oder weniger berühmten Gastdozenten.

Weiter geht's in die Innenstadt. Im Kavaliershaus in der Reichsstraße 1 lebten einst die Welfen-Kinder, heutzutage präsentiert hier hingegen der örtliche KUNSTVEREIN seine tollen Ausstellungen.

Nur ein paar Fußminuten davon entfernt finden Sie die VERÄNDER.BAR (Kreuzstraße 13), die sich vor allem an junge Erwachsene richtet. Zum Programm gehören der Spielenachmittag und das Wohnzimmerkonzert genauso wie das Table Quiz und der Poetry Slam. Die Preise sind niedrig, die Einrichtung (Sofa und Sessel, Theke und Barhocker) gemütlich, die Atmosphäre freundlich. Was will man mehr?

Was will man mehr? Na, Filme gucken natürlich! Das kann man im Cinestar am Bahnhof oder man geht in den FILMPALAST in der Langen Straße 5. Auch hier werden Mainstream-Streifen gezeigt, doch auch Filmkunst-Werke (oder Film-Kunstwerke) sind Objekt der cineastischen Betrachtung.

Der Sonnenherzog

Anton Ulrich, geboren 1633 in Hitzacker, war ähnlich wie sein Vater August der Jüngere gar nicht für die Regierungsnachfolge vorgesehen, doch genoss er durch Schottelius und Birken eine umfassende Bildung, erlernte moderne Sprachen, nahm Musikunterricht und war seit seiner frühesten Jugend ein eifriger Verehrer der Künste. Als junger Mann ging er auf Kavaliersfahrt durch Europa, bei der er erste Gemälde einkaufte – der Grundstock für das heutige deutschlandweit bekannte und gefeierte Herzog Anton Ulrich-Museum.

Es war die Zeit der Spaltung der welfischen Linien und es war die Ära der Glaubenskriege. Er selbst teilte sich einige Jahre mit einem seiner Brüder die Herrschaft. Und er wurde vom Anhänger zum Gegner des Kaisers – Kunst geht nach Brot (und er sah sich selbst als großen Künstler). Seine abenteuerliche Bündnispolitik, die auf Subsidiengelder zielte, rief 1702 kaiserliche Truppen vor Wolfenbüttel und brachte ihm einen zeitweiligen Verlust der Mitregentschaft und eine kurze Zeit im Exil ein. Erst ab 1704 durfte er endlich allein regieren.

Erfolgreicher als seine kriegerischen Unternehmungen war seine Heiratspolitik. 1656 vermählte er sich mit Elisabeth Juliane von Holstein-Norburg, mit der er eine stattliche Anzahl Kinder zeugte, durch die er immerhin zum Urgroßvater der späteren österreichischen Kaiserin Maria Theresia wurde. Und eine Enkelin wurde mit dem Sohn Peters des Großen von Rußland vermählt.

Doch Politik – auch Heiratspolitik – interessierte ihn nur mittelbar. Wichtiger waren ihm seine künstlerischen Schöpfungen, zu denen zwölf Opernlibretti zählen (unter anderem »Amelinde, Oder dy triumphierende Seele«, »Ein königliches Fräulein aus Aethiopien«, »Die Verstörte Irmenseul, Oder Das Bekehrte Sachsenland«), die heute – nicht völlig zu Unrecht – weitestgehend vergessen sind. Außerdem schrieb er zwölftausend wirre

Romanseiten. Das Schlüsselwerk »Octavia« über Dinogetia (Wolfenbüttel) und Zarmizegethusa (Braunschweig) beschäftigt jedoch immer noch diverse Germanisten und Historiker. Selbst der große Goethe zeigte sich annodazumals beeindruckt: »Aber die Octavia des Herzogs Anton Ulrich schätze ich am meisten.«[16] Auch Liselotte von der Pfalz wusste lobende Worte zu finden: »Wenn ich die romans lange und in einem stück lesen müßte, würden sie mir beschwerlich fallen; ich lese aber nur ein blatt 3 oder 4 Mal, wenn ich, met verlöff, auf dem kackstuhl sitze. So amüsierts mich und ist weder mühsam noch langweilig so. Hertzog Anton Ulrichs roman ist recht schön teutsch und wohl geschrieben ... er macht an die ewigkeit gedencken, denn er nimbt kein end.«[17]

Aber wir wollen gerecht bleiben. Sein »Sterbelied« hat immerhin einen Platz in die von Marcel Reich-Ranicki begründete Frankfurter Anthologie gefunden: »Es ist genug, mein matter Sinn / Sehnt sich dahin, wo meine Väter schlaffen. / Ich hab es endlich guten Fug, / Es ist genug! Ich muss mir Rast verschaffen.«[18]

Doch sein größtes (wenn auch leider nicht unsterbliches) Werk war sicherlich das barocke Schloss in Salzdahlum. Ein Modell des »Versailles des Nordens« ist im Schlossmuseum Wolfenbüttel zu finden.

Die Planungen zu dem Bau begannen schon 1677, also nur wenige Jahrzehnte nach dem Dreißigjährigen Krieg, der auch hier in Norddeutschland gewütet und ganze Landstriche verwüstet hatte. Hans Pleschinski beschreibt die Szenerie des ersten Spatenstichs im Jahre 1688 in seiner Erzählung »Der Holzvulkan« so: »Auf einem Purpurkissen bietet der Großsiegelbewahrer dem Herzog ein silbernes Schäufelchen dar, der Herzog nickt, der Adjutant nimmt das Schäufelchen vom Kissen, reicht es dem Landbaumeister. Lauterbach sticht in die nasse Erde von Salzdahl. Von fern beginnt der herbeigefahrene Salutmörser 31 Schüsse abzufeuern, von denen nur der zwölfte, wie das Dokument sagt, fehlgeht und das Entenhaus vom Dorfteich in Stücke hat. (...) Anton

Ulrich überreicht den Würdenträgern die Gedenkmünze mit der Aufschrift ›Semper Idem‹.«[19] Semper Idem (Immer derselbe) – das klingt im Nachhinein wie eine Drohung, bedenkt man den Fortgang der Geschehnisse. Denn Anton Ulrich sah sich wie gesagt als großen Künstler und als noch größeren Herrscher, dem es einfach zustand, das Geld nach seinem Gutdünken auszugeben. In einem Brief an seinen Bruder schrieb er 1686: »Unser cantzler ist wieder bei mir gewesen. Ich habe aber nichtes mit ihm gesprochen, weiln ich befinde, dass ich es ohne große emotion nicht thun kann. Und die würde in Staatsaffären mehr schaden, alß nützen.«[20] In seinem Testament gab er seinem Sohn einen guten Ratschlag: »So laß doch darüber, wann dir der Etat gezeigt wird, keinen Unmuht spüren, vielweniger von schmähsüchtigen Leute dir dessetwegen etwas vorbringen, wodurch mein Andencken verunglimpft werden könnte. Vertraue hingegen nur Gott, der wird dir schon Mittel an die Hand geben, solcherley zu tilgen.«[21] So ging er selbst auch vor. Seine Verleger pumpte er zwar an, ließ sich mit der Rückzahlung aber reichlich Zeit: »Wan ich bei den mitteln were, sollte es anstatt der buchstaben in bahr gezahlet werden. Nun aber müssen sie sich, bis ich wieder reicher werde, gedulden.«[22] Das Motto seines Vaters – »Alles mit Bedacht«[23] – galt für ihn definitiv nicht.

Mit dem Bau des Schlosses in Salzdahlum stand er natürlich auch in Konkurrenz zu den »widerlich ehrgeizigen Hannoveraner(n)«[24]. Und diese schienen manchmal auch etwas geschickter gewesen zu sein: Stolze 500.000 Reichstaler bekamen die Hannoveraner Welfen für ihre Hilfe beim Kampf gegen die Türken, die Wolfenbütteler hingegen nur 5.000 für ihr Bündnis mit Frankreich, trotzdem Herzog Anton hierfür zum katholischen Glauben übergetreten war.

Wie dem auch sei: Das Bauvorhaben stellte sich als viel zu teuer für das kleine Herzogtum heraus, so dass der Bauplan geändert werden musste. Das Schloss wurde zwar genauso groß wie angedacht – nur eben größtenteils aus dem vergleichsweise preiswerten Baumaterial Holz. Immerhin entstanden auf diese Weise die erste Pagode Europas, das größte Treppenhaus Mitteleuropas, ein Opernhaus für 1.200 Zuschauer, eine riesige Neptun-Grotte, eine unterirdische Höhle, ein Mausoleum für den Lieblingshund der Herzogin Elisabeth Juliane, kleine Tempel für diversen possierliche Äffchen, ein Mexicanisches Cabinett, eine Orangerie, in der ein Rudel Nonnen untergebracht wurde, sowie ein Irrgarten mit Brettern auf denen Hecken gemalt sind und mehrere Springbrunnen, die aus technischen Gründen allerdings kein Wasser zu speien in der Lage sind.

Anton Ulrich war trotz einiger kleinerer Mängel jedoch mehr als stolz auf das Schloss. Seine Idee, zur Einweihung im Jahre 1694 »Ambassadeure von Großmächten zu bitten«, ließ er jedoch wieder fallen. Pleschinski spottete in seinem entzückenden Buch, dass dies »allzu riskant (war) und wurde somit für unnötig erklärt (wurde): Sie würden Wolfenbüttel auf ihren Landkarten womöglich nicht genau verzeichnet haben.«[25]

Immerhin kann das Schloss durchaus in der architektonischen Champions League Europas mitspielen: Mit den Worten »Wo Rom / Pariß / und Haag in eim begriff sich zeigt«[26] beschreibt Chistian Bressand im Jahr der Einweihung den prächtigen Bau.

Leibniz' Urteil über das Schloss – »Hier stritten Natur und Kunst.«[27] – bringt es auf den Punkt. Bereits nach einhundert Jahren war das Schloss vermodert, verrottet und moosbedeckt. Die Kosten für den Kampf gegen den stetigen Verfall waren so hoch, dass es letztendlich nicht mehr möglich war, das Schloss zu unterhalten. 1811 wurde ein Käufer gesucht und nicht gefunden, so dass die Stadt Braunschweig, die in der Zwischenzeit in den Besitz des Schlosses gekommen war, beschloss, es abzureißen. 1813 war es fast vollständig vom Erdboden vertilgt. Nur das ehemalige Torhaus ist noch heute zu bewundern.

Das Schloss war nicht das einzige Gebäude, das Herzog Anton Ulrich in seiner Regierungszeit schuf. Auch das erste selbständige Bibliotheksgebäude der Neuzeit ist ihm zu verdanken sowie der Bau von Opernhäusern in Wolfenbüttel und Braunschweig. Herzog Anton Ulrich ließ 1862 das Kaisertor mitsamt dem dort befindlichen Betraum abreißen, um für die Bewohner des Gotteslagers eine neue, protestantische Kirche zu bauen. Am Neujahrstag des Jahres 1700 wurde das fast fertige Gotteshaus geweiht: Sankt Trinitatis. Doch schon am 18. August 1705 schlug ein Blitz ein und ein Feuer brannte die Kirche nieder. Da Herzog Anton Ulrich in der Zwischenzeit zum Katholizismus gewechselt war, kümmerte er sich nicht weiter um den Wiederaufbau. Eine Ruine prägte an der Stelle der prächtigen Kirche das Stadtbild, bis es 1716 endlich weiterging: 1722 stand das eigentliche Kirchengebäude, die Türme wurden 1755 fertiggestellt.

Herzog Anton Ulrich starb 1714 – natürlich in seinem geliebten Salzdahlumer Schloss. Lassen wir zum Schloss noch einmal Liselotte von der Pfalz zu Wort kommen: »Wenn Verdienst und Wünsche gelten sollten, so würde der Hertzog einer der größten Monarchen sein.«[28]

Der Philosoph

Die Ritterakademie Rudolph-Antoniana wurde 1687 von den gemeinsam regierenden Brüdern Herzog Rudolf August und Herzog Anton Ulrich gegründet. Auch wenn sie nicht allzu lange bestand, brachte es sie doch zu einiger Berühmtheit. Zu ihren Absolventen zählen der spätere (Lügen-)Baron Hieronymus Carl Friedrich Freiherr von Münchhausen sowie der Philosoph und Jurist Anton Wilhelm Amo.

Letzterer wurde um 1703 in Nkubeam bei Axim in Ghana als Angehöriger des Volksstamms der Nzema geboren. Von seiner Mutter sollte er zu ihrer Schwester nach Amsterdam gesandt worden sein, der höheren Bildungschancen wegen. Eine andere Interpretation der Geschehnisse ist, dass er von der Holländisch-Westindischen Gesellschaft versklavt und als Geisel nach Amsterdam verschleppt wurde. Als Geschenk der Handelsgesellschaft gelangte er an den Hof der Herzöge von Braunschweig, wo er im August 1708 in der Kapelle des Schlosses Salzdahlum auf den Namen Anton Wilhelm Amo getauft wurde. Seine Taufpaten: Herzog Anton Ulrich und dessen Sohn August Wilhelm.

Von 1716 bis 1720 übte er in Wolfenbüttel das Amt des Hof- beziehungsweise Kammermohren aus. Er genoss in dieser Zeit eine vorzügliche Bildung, lernte im Lauf der Zeit neben Deutsch auch Französisch, Griechisch, Hebräisch, Niederländisch und Latein. Von 1717 bis 1721 besuchte er die Ritterakademie Rudolph-Antoniana und von 1721 bis 1727 die Universität in Helmstedt. Im Anschluss daran immatrikulierte er sich an der philosophischen Fakultät der Universität Halle, hörte aber auch juristische Vorlesungen.

1729 verfasste er seine erste Disputation unter dem Titel »De iure Maurorum in Europa« (»Über die Rechtsstellung der Mohren in Europa«). 1730 immatrikulierte er sich an der Philosophischen Fakultät der Universität Wittenberg und erwarb den akademischen Grad eines Magisters der Philosophie und Freien Künste. Vier Jahre später promovierte er in Wittenberg mit seiner Dissertation »De humanae mentis apatheia« (»Das Leib-Seele-Problem«) und von 1736 bis 1738 unterrichtete er an den Philosophischen Fakultäten der Universitäten Halle und Wittenberg als Privatdozent und habilitierte auch dort. Eine glänzende akademische Karriere also! Noch 1739 lehrte er laut einer Vorlesungsankündigung an der Universität Jena zu den Themen Physiognomik, Chiromantie, Geomantie, Astrologie und Dechiffrier-Kunst.

Doch seit 1740 ist Amo in Jena nicht mehr belegt, auch über seinen Aufenthalt in den nächsten Jahren ist nichts bekannt. Sicher ist, dass er 1747 Deutschland in Richtung Ghana verließ. Hintergründe dieses Absturzes sind vermutlich der Tod einiger Mentoren (Herzog August Wilhelm) und Freunde (Johann Peter Ludewig), die zu beruflichen Schwierigkeiten führten. 1747 folgte eine Spottkampagne, die in der Veröffentlichung rassistischer Gedichte des Hallenser Rhetorikprofessors Johann Ernst Philippi kulminierte.

Zurück in Ghana lebte Amo zunächst in Axim (Ghana) und später im Fort San Sebastian bei Shama. Er soll in Afrika ein Leben als Eremit und Wahrsager geführt haben. Sein genaues Todesjahr ist nicht bekannt; auf einem später errichteten Grabstein ist 1784 angegeben.

Amo war der erste bekannte Philosoph und Jurist afrikanischer Herkunft. Bereits 1965 errichtete der Bildhauer Gerhard Geyer im Auftrag der Universität Halle-Wittenberg eine Statue zum Gedenken an Amo. Und seit 1994 verleiht die Universität Halle-Wittenberg den Anton-Wilhelm-Amo-Preis für besondere wissenschaftliche Arbeiten an Studenten und Graduierte.

Im Wolfenbüttel jedoch scheint er vergessen zu sein.

Die Politikerin

Herzog Anton Ulrich tat wie gesagt alles, um den Glanz und den Ruhm seines kleinen Reiches (beziehungsweise seines eigenen Ruhms) zu mehren. Unter anderem mit Hilfe einer recht umsichtigen, wenn auch nicht immer nachhaltigen Heiratspolitik. Seine Enkelin Elisabeth Christine heiratete beispielsweise im zarten Alter von dreizehn Jahren auf seinen Wunsch hin den spanischen König Karl III. Er erhoffte sich von der Hochzeit Vorteile im Streit mit Hannover um die vakante Kurwürde. Es bedurfte einiger Überredungskünste durch staatliche bestallte Theologen die junge Dame davon zu überzeugen, dass auch das hierfür nötige Bekenntnis zur römischen Konfession mit ihrem Gewissen zu vereinbaren sei.

Die Hochzeit fand am 23. April 1708 in der Pfarrkirche Maria Hietzing bei Schloss Schönbrunn statt – allerdings in Abwesenheit des Bräutigams, der damit beschäftigt war, seine Ansprüche auf dem spanischen Thron durchzusetzen und sich daher von seinem Bruder Joseph I. als kirchenrechtlichen Prokurator vertreten ließ. Erst am 1. August konnte das mehr oder weniger glückliche Paar Einzug in Barcelona halten und wurde bei der Gelegenheit gleich noch einmal eingesegnet.

Antonia Caldara komponierte hierfür eigens die Serenata »Il più bel nome«, die als erste italienische Oper gilt, die in Spanien aufgeführt wurde. Nach dieser Premiere wurde sie allerdings dreihundert Jahre lang nicht mehr gespielt. Erst im November 2006 kam es zur Wiederaufführung, natürlich in Barcelona.

Als Elisabeth Christines Schwager Joseph, der römisch-deutsche Kaiser, 1711 starb, wurde ihr Ehemann zu Kaiser Karl VI. – und zog nach Wien. Sie selbst blieb in Barcelona und regierte als General-Gouverneurin. 1713 musste auch sie jedoch Spanien verlassen und floh nach Wien. Erst ab 1729 war sie wieder politisch aktiv, besonders in der Zeit der Türkenkriege tat sie sich hervor.

Ein neuer Erlass regelte, dass künftig nicht nur die Söhne eines Throninhabers erbberechtigt waren, sondern auch die Töchter. Nach dem Tode ihres Gatten im Jahre 1740 starb die männliche Linie des Hauses Habsburg aus, wodurch ihre Tochter Maria Theresia Regentin wurde. Ihre Mutter verbannte die ehrgeizige Kaiserin 1742 auf das Schloss Hetzendorf – und stellte sie damit politisch kalt.

Acht Jahre später starb Elisabeth und wurde in der Kaisergruft in Wien bestattet. Am ehemaligen Gasthaus »Zur spanischen Krone« in der Kommißstraße 6 in Wolfenbüttel erinnert eine Krone an der Tür an die Hochzeit der berühmten Tochter der Stadt.

Heiratspolitik. Für uns, die wir Liebeshochzeiten für die Norm halten, mag das eine abstruse Vorstellung sein. Für unsere Altvorderen galten sie als eine legitime Möglichkeit, politische und persönliche Ziele zu verwirklichen.

Eine Nichte der eben beschriebenen Elisabeth Christine, die den gleichen Namen trug, wurde auf diese Weise Königin von Preußen. 1715 wurde sie in Wolfenbüttel als Tochter von Ferdinand Albrecht II. von Braunschweig-Lüneburg-Bevern und seiner Gemahlin Antoinette Amalie geboren.

Die Verlobung des Mädchens mit dem preußischen Kronprinzen und späteren König Friedrich II. (bekannt als Friedrich der Große) fand 1732 im Berliner Schloss statt. Der Kronprinz musste sich hierbei dem Willen seines Vaters beugen, der eine Annäherung an das Haus Habsburg suchte; die Hochzeit wurde im Jahr darauf in Salzdahlum gefeiert. Im sogenannten »Kleine Schloss« in Wolfenbüttel wurde danach das Festbankett abgehalten. Die Prinzessin wurde dem Prinzen vor dem ersten Zusammentreffen nicht gerade verheißungsvoll als »hässliche Betschwester«[29] geschildert. Angesichts der Prachtentfaltung am preußischen Hof trat sie bescheiden, ja gerade unbeholfen und schüchtern auf. Andere Zeitzeugen beschrieben sie hingegen als anmutig und ungekünstelt. Friedrich selbst sagte über sie: »Ich habe sie nie geliebt, aber ich müßte der schlechteste Mensch auf der Welt sein, wenn ich sie nicht wahrhaft hoch achten wollte; denn sie hat 1. ein sehr sanftes Gemüt, sie ist 2. so gelehrig, wie man es mehr nicht wünschen kann und 3. gefällig bis zum Übermaß und tut, was sie mir nur an den Augen ablesen kann, um mir Freude zu machen.«[30] Und sie mühte sich wirklich redlich ab, ihrem Gemahl zu gefallen und am Hof Fuß zu fassen, nahm Französisch-Unterricht, las antike Schriftsteller, voluminöse Geschichtswerke und französische Unterhaltungsliteratur.

Von 1736 bis 1740 lebte das junge Paar mehr oder weniger gemeinsam auf Schloss Rheinsberg, doch als 1740 Friedrich Wilhelm I. starb und damit sein Sohn endlich die Regentschaft antreten konnte, zog dieser auf das Schloss Sanssouci – ohne seine Gattin, die auf Schloss Schönhausen einsam Königin spielte, Empfänge gab, Konzerte veranstaltete, Bilder malte und religiösmoralische Erbauungsschriften verfasste.

Das Ehepaar kam nur noch bei offiziellen Anlässen zusammen, ob die Ehe jemals vollzogen wurde, ist unklar. Friedrich I. war nämlich homosexuell, lebte seine Neigung jedoch nicht offen aus – im Gegensatz zu seinem Bruder Heinrich, mit dem er sich um den »schönen Marwitz«[31], Heinrichs Kammerjunker, zankte.

»Mit beispielloser Resignation und großer Würde hat sie ihr Schicksal getragen«[32], heißt es über die große Dame, die kulturell und karitativ tätig und sich liebevoll um den Park von Schönhausen kümmerte, den sie für das Volk öffnen ließ. 1797 starb sie und wurde im Dom in Berlin beigesetzt. Ihre Ehe blieb, wen wundert's, kinderlos.

Auch Minderheiten haben in Wolfenbüttel ihren Platz.

Die zwölf schönsten Ausflugsziele in der Nähe von Wolfenbüttel

1. Der Harz

Der Brocken ist der Wolfenbütteler Hausberg – zumindest kann man ihn von hier aus bei gutem Wetter erspähen und bewundern. Oder sich wundern, dass er eigentlich gar kein richtiger Berg ist, sondern eher ein zu groß geratener Hügel. Warum erst Goethe kommen musste, damit sich jemand findet, der sich traut, ihn auch im Winter zu erklimmen, bleibt das ewige Geheimnis der Bewohner des Harzes. Wahrscheinlich ist aber einfach das angeborene Phlegma dieses Bergvolkes dafür verantwortlich. Beziehungsweise dessen Zwergenähnlichkeit. Auf Berge steigt man nicht – man beißt und bohrt sich in sie hinein. Das ist zwar umständlicher und dauert viel länger, aber der Harzer sieht dies als einzige Möglichkeit an, sich mit den unpraktischen Bergen zu beschäftigen, die hier im Harz so sinnlos herumliegen.

Nun gut, das ist Schnee von gestern. Heutzutage weiß der Harzer durchaus mehr mit seiner Heimat anzufangen, als sie zu durchlöchern. Deswegen hat er aus dem kleinen Mittelgebirge eine Art überdimensionalen Vergnügungspark gemacht, mit Sommerrodelbahnen, Skikanonen, Windbeutel-Imbissen, hundert Meter breiten Baumwipfelpfaden, einem gigantischen Wanderwegelabyrinth, übergroßen Parkanlagen mit abgestorbenen Bäumen, Rennstrecken für Motorradfahrer, Fachwerkstädtchen aus dem Baumarkt und neuschwansteinartigen Schlösschen. Nur dass einem statt Goofy – wie in Disney World – ständig der Brocken-Benno über den Weg läuft. Die nächstgelegenen Startpunkte für eine Tour in den Harz sind das versteinerte Goslar und das dem langsamen Verfall geweihte Bad Harzburg.

2. Braunschweig

Gut, Braunschweig liegt in greifbarer Nähe, mit der Bahn sind es kaum zehn Minuten bis in die nahegelegene Metropole, aber die Wolfenbütteler nehmen es den Braunschweigern immer noch übel, dass sie nach mehreren Jahrhunderten Abstinenz irgendwann doch bereit waren, die Herzöge bei sich aufzunehmen, wodurch die aus einem Fischerdorf entstandene Residenzstadt wieder zu einem Dorf wurde. Allerdings ohne Fischer. Eine Niederlage auf ganzer Linie also.

Zur Strafe geben die Wolfenbütteler vor, Braunschweig eigentlich gar nicht zu kennen. Zumindest tun sie partout so, als würden sie sich in der Nachbarstadt nicht auskennen. Uni? Keine Ahnung, wo die ist! Burg Dankwarderode? Nie gehört! Östliches Ringgebiet? Weiß nicht, wo das sein soll. Bei der Wolfenbütteler Straße vielleicht?

Nur das VW-Werk und die Schlossattrappen finden sie stets. Im Werk verdienen sie nämlich das Geld, das sie in dem Einkaufszentrum ausgeben können. Was bedeutet, dass sie den kargen Lohn, den sie hier erwerben, gleich wieder in Braunschweig lassen. Auch das alles in allem ein schlechtes Geschäft für Wolfenbüttel.

3. Helmstedt

Helmstedt ist nur in der Theorie ein Ausflugsziel des Wolfenbüttelers. Das Städtchen wäre zwar innerhalb kürzester Zeit zu erreichen, aber was soll man da? Fachwerkhäuser hat man selbst und auch den morbiden Charme eines Zonenrandstädtchens kennt man noch zur Genüge aus eigener leidvoller Erfahrung und Anschauung.

4. Salzgitter

Salzgitter! Was soll man da, was will man da? Außer durchfahren, um nach Baddeckenstedt zu gelangen? Und bei der Gelegenheit gleich den Autoaschenbecher zu entleeren und ein paar Müllsäcke mit Sondermüll abzuwerfen.

5. Hildesheim

Erst vor Kurzem – also im Mittelalter – balgte man sich mit dem Stift Hildesheim um ein paar menschenleere Wäldchen und Ansammlungen verfallener Katen, nun soll man dort freiwillig hinfahren? Das macht doch gar keinen Sinn! Zudem man auch gar nicht weiß, ob einem die Stadtwache überhaupt in das Städtchen hineinlässt. Beziehungsweise wieder hinaus.

6. Peine

Peine. Ich muss nichts weiter sagen, oder?

7. Wolfsburg

Wolfsburg hingegen kennt der Wolfenbütteler gut. Man kann dort arbeiten, das weiß er. Aber ansonsten hat die Stadt doch nichts zu bieten. Außer das tollste Kunstmuseum der Region, die grandiose Experimentierlandschaft phaeno, die weltberühmte Autostadt, ein spitzenmäßiges Museum für Hoffmann von Fallersleben, einen Erstligafußballverein, ein Stadion für eine der erfolgreichsten Damenfußballmannschaften Deutschlands, das phantastische Badeland, eine coole Eissporthalle (die Heimat der Eishockeymannschaft Grizzlys, die ebenfalls in der ersten Liga spielen) und noch ein paar hundert weitere Attraktionen. Nein, da muss man nicht hin. Und ein Schloss hat man schließlich selbst.

8. Schöppenstedt

Schöppenstedt ist die Heimat Till Eulenspiegels. Das weiß der Wolfenbütteler. Dort gibt es sogar ein Museum für den Schelm vom Elm.

Außerdem gibt es in Schöppenstedt Stadtführungen mit Till Eulenspiegel. Das ist witzig.

Auch Till Eulenspiegel, der lustige Narr, soll aus der Gemeinde Schöppenstedt stammen.

Lass uns doch mal nach Schöppenstedt fahren, ins Eulenspiegel-Museum.

9. Schöningen

In Schöningen wurden vor einiger Zeit ein paar Stöcke gefunden. Sie sind ein paar hunderttausend Jahre alt. Wenn man sie wirft, wirken sie fast wie Speere. Aber man wirft sie nicht, dann könnten sie ja kaputt gehen. Stattdessen legt man sie in einen gläsernen Sarg und baut ein riesiges Gebäude drumherum. Es ist vollverspiegelt, was dazu führt, dass serienweise Vögel dagegen fliegen, an den Wänden abgleiten und anschließend tot liegen bleiben. Drumherum ist trostlose Landschaft. Ach nein, Schöningen – das ist nichts für den Wolfenbütteler.

10. Hornburg

In Hornburg liegt der Hund begraben und hängt der Mensch tot über dem Zaun. Begraben sein möchte man dort aber nicht. Hornburg ist also so ähnlich wie Wolfenbüttel, nur kleiner. Und ein Papst soll hier geboren worden sein. Vielleicht aber auch nicht. Er könnte auch von woanders stammen. Aber schön wäre, wenn er aus Hornburg kommen würde. Wenngleich er nur sehr kurz Papst war. Dann wurde er ermordet, starb also für Menschen seines Berufs eines natürlichen Todes. Aber deswegen nach Hornburg fahren?

Dann lieber in den Sommerferien nach Rom! Da gibt es noch viel mehr tote Päpste. Und sogar einen lebendigen. Oder zumindest halblebendigen. Oder wenigstens nur scheintoten. Und die Kirche ist auch größer. Und das Wetter besser! Oder man fliegt gleich nach Mallorca. Rom oder Malle. Hauptsache Italien!

11. Königslutter

Ein Dom! Und dann noch ein ganz alter! Als ob Wolfenbüttel nicht selbst Kirchen hätte. Und viel schönere. Und neuere! Und ein Museum für mechanische Musikinstrumente wie in Königslutter? Wer bitte braucht denn so was? Gibt doch den Expert-Markt im Forum! Da kann man Stereoanlagen und so was kaufen! Die sind viel besser als Spieluhren und Drehorgeln! Wenn schon alte Musikabspielgeräte, dann schon Tonmöbel. Und die gibt es doch im Kuba-Tonmöbel-Museum in Wolfenbüttel. Es gibt also nun wirklich keinen Grund nach Königslutter zu fahren.

12. Wolfenbüttel

Ja, Wolfenbüttel, das ist eine schöne Stadt! Die besichtigt der Wolfenbütteler gerne. Da gibt es ganz viele Fachwerkhäuschen und zwei alte Kirchen in der Stadtmitte und eine tolle Fußgängerzone mit Läden, die manchmal sogar bis Samstagmittag aufhaben, und einen Weihnachtsmarkt und ein Haus, in dem mal ein berühmter Dichter gelebt hat (Schiller oder Goethe oder so) und zwei Büchereien (obwohl in der einen nur ziemlich alte Schinken herumstehen, die noch älter sind als die Bücher von Wilhelm Raabe). Ja, Wolfenbüttel, das ist ein gutes Ausflugsziel für den Wolfenbütteler. Zudem er dann auch nicht so weit fahren muss.

Wolfenbüttels beliebtester Werbeträger

Der Schelm vom Elm

Ach ja, Till Eulenspiegel, das ist ein liebenswerter Gesell, der mit seinen lustigen Streichen die Bürger und Bauern zum Nachdenken anregen wollte. Deswegen hat er auch diverse Haustiere zerlegt, Menschen mit Fäkalien drangsaliert sowie Imker, Handwerker und Gastwirte bestohlen und betrogen. Man muss ihn einfach lieben, den kleinen Racker!

Erschreckend, dass es für den brutalen Soziopathen Thyl Ulenspiegel auch ein echtes historisches Vorbild gegeben zu haben scheint, nämlich einen welfischen Ministerialen, der für die Mitte des 14. Jahrhunderts belegt ist. Dieser hieß Thile von Cletlinge und war der Sohn des Dietrich I. von Kneitlingen, der auf dem sogenannten »Eulenspiegelhof« neben der Pfarrkirche zu Kneitlingen am Elm gelebt haben soll – die literarische Heimat der Hauptfigur des um 1500 in Braunschweig entstandenen Eulenspiegelbuchs. Sein Pate war Thyl von Utzen, der 1265 als Thidericus de Udesem nachweisbar ist.

Ein weiteres Vorbild für Hermann Botes Till Eulenspiegel dürfte der Hofnarr Tyle Ulenspegel aus Mölln gewesen sein (also aus der Stadt, in der der literarische Till gestorben ist).

Thile von Cletlingen zog es – ähnlich der Romanfigur – von Kneitlingen in den Osten, allerdings nicht nach Calbe, sondern Halberstadt, wo er vom Grafen von Regenstein ein Lehen auf der Westerburg bei Dedeleben erhielt, das er benutzte um sich als Raubritter zu verdingen, wofür er 1338 bis 1340 inhaftiert wurde, dem Straßenräuber aber erst später zuerkannt bekam, unter gleichzeitiger Abnahme des Adelstitels.

Das beste kommt jedoch noch: Auf dem oben genannten Eulenspiegelhof in Kneitlingen soll es einen Kobold gegeben haben, der später auch auf dem Schloss Bernburg in Sachsen-Anhalt und in Mariental bei Grasleben im Landkreis Helmstedt aufgetaucht sein soll.

Till Eulenspiegel – vom Betrüger (wie in Hermann Botes Buch) über den Narren (wie in Erich Kästners Version) zurück zum Straßenräuber und von hier aus zum Kobold. Was für eine Karriere!

In Wirklichkeit war es jedoch ganz anders. Hier meine Version der Eulenspiegel-Geschichte von der Geburt des Helden bis zu seinem Gang in den Osten:

Die wirklich wahre Wahrheit über Till Eulenspiegel

Als Till Eulenspiegel am Tage seiner Taufe fast ertrunken wäre, konnte man eigentlich niemanden so recht die Schuld dafür geben. Seine Mutter hätte ihn sicherlich zu retten versucht, wenn sie in der Lage dazu gewesen wäre. Da sie jedoch fast im selben Augenblick bewusstlos von der Bank rutschte – berauscht vom guten Amplebener Bier – mussten andere Menschen eingreifen.

Aber ich möchte meine Erzählung dort beginnen, wo alle guten Geschichten beginnen: Am Anfang.

Am Anfang war kein Wort, sondern nur ein Schrei. Fast alle Säuglinge schreien, wenn sie in diese Welt geworfen beziehungsweise gepresst werden. So auch der Junge, den man wenig später Till zu nennen beschloss. Seine Mutter, Anna Wibke, war glücklich, diese Geburt lebend überstanden zu haben, denn sie hatte lange gedauert, viele Stunden voller Schmerz und Furcht. Und auch ihr Kind lebte, wenn es auch erschöpft zu sein schien von den Strapazen der letzten Stunden. Und wütend war es vielleicht auch ein bisschen, denn es schrie wie am Spieß.

Der Vater des Kindes – jedenfalls der, der allgemein als solcher angesehen wurde – nahm seine Geburt wohlwollend zur Kenntnis, auch wenn er sich schon sehr bald wieder seinem Tagwerk zuwandte, als wäre weiter nichts geschehen.

Die Kneitlinger munkelten auch, dass gar nicht Claus Eulenspiegel der leibliche Vater sei, sondern dass vielmehr Till von Uetzen, der Burgherr von Ampleben, nicht ganz unbeteiligt an der Zeugung des Kindes gewesen wäre. Und so überraschte es auch niemanden, dass der Junge ausgerechnet Till heißen sollte und der Burgherr bereitwillig die Patenschaft übernahm.

Bei der Taufe war noch alles gut gegangen, der Pfarrer war kaum betrunken und sogar einigermaßen zu verstehen. Hätte seine Gemeinde Latein gekonnt, hätte sie sogar gewusst, wovon er sprach. Bei der anschließenden Feier im Amplebener Bierhaus wurde es dann sehr lustig. Es gab viel zu essen und viel zu trinken, denn der Kneitlinger weiß zu feiern. Und dem Burgherren gefiel der Schinken der Frau Wibke sehr gut und ihr Mann war klug genug, ihn gewähren zu lassen.

Schließlich leerte sich der Festplatz ein wenig und man beschloss, dass es nun auch Zeit sei, den jungen Till zu Bett zu bringen. Die Taufpatin war es, die damit beauftragt wurde, denn man sah ein, dass Tills Mutter zu beschäftigt war. Als sich die Amme auf den Weg machte, wünschte man ihr einen guten Heimweg. Und dann wankte sie auch schon los, das Kinderbündel auf dem Arm.

Fast hätte sie es auch geschafft, die kleine Brücke, die Ampleben und Kneitlingen miteinander verband, zu überqueren. Nur dass sie sich noch einmal umdrehte, um einen letzten Blick auf das erleuchtete Bierhaus zu werfen, war keine so gute Idee, denn danach fiel es ihr schwer, zurück auf den rechten Weg zu finden. Und so trat ihr Fuß ins Leere, und sie stürzte in den Bach. Vor Schreck entglitt ihr auch noch das Kind. Als sie prustend wieder auftauchte, tasteten ihre Hände nach dem Bündel und als ihre Finger nichts weiter als kaltes Wasser und glitschige Pflanzen fühlten, rief sie um Hilfe und es dauerte auch gar nicht lange, bis man sie hörte und sich mehrere Besucher der Feier schwankend in Bewegung setzten.

Doch da hatte die Amme das Kind schon selbst gefunden und als sie Till an die Wasseroberfläche riss, schwieg er erst, so dass sie schon dachte, er sei tot, dann schnappte er nach Luft, sog sie begierig ein – und dann schrie er seine arme Amme vorwurfsvoll an (zumindest kam es dieser so vor).

Die Feiergesellschaft aber sah, dass alles gut war, half der Amme aus dem Graben, und ging ins Haus zurück, um zu trinken, was noch da war, denn man soll nichts verkommen lassen und die Feste feiern, wie sie fallen.

Die Amme aber klemmte sich das schreiende, weinende, kreischende Bündel unter den Arm, stolperte heim und legte das Kind so vorsichtig wie es ihr möglich war, zuhause ab, um Wasser im Kessel zu erhitzen und als Till gebadet wurde, war es auch nur ein wenig zu heiß.

So kam es, dass Till dreimal getauft wurde: Einmal in der Kirche, einmal in einem Bach und einmal in einem Kessel.

*

Till Eulenspiegel war ein hübsches Kind, was ebenfalls den Verdacht nährte, dass Claus nicht sein Vater sein könne. Und er machte seinen Eltern viel Freude, zumindest in den ersten Jahren seines Lebens. Er sprang im Grase herum, als sei er der Affe eines Spielmannes und tanzte zu Musik, die nur er hörte, und seine Mutter lachte leise, wenn sie ihn sah und ihr ging das Herz auf.

Doch hielt diese Freude nicht lange an, denn Till lernte schnell laufen und was er tat, wollte nicht immer allen gefallen. Und so kam es, dass die Nachbarn immer wieder vor der Tür standen, um sich über ihn zu beschweren. Er solle aufhören, beim Herumtollen die Wäsche von der Leine zu reißen und die Hühner über den Hof zu scheuchen, so dass sie vor Schreck keine Eier mehr legen mochten.

Das wäre alles nicht so schlimm gewesen, wenn seine Eltern sich nicht darüber zu streiten angefangen hätten.

»Er ist ein schlechter Mensch«, sagte sein Vater und seine Mutter erwiderte, er solle das Maul halten und sein Vater sagte, Till solle die anderen Kinder in Ruhe lassen und seine Mutter sagte, dass die anderen Kinder ihn in Ruhe lassen sollten. Und dann sagte sie, er – Claus – solle endlich an die Arbeit gehen und nicht den ganzen Tag zuhause herumlungern und dann schlug ihr Mann sie ins Gesicht und verschwand wirklich und kam erst abends zurück und war betrunken und dann hörte Till wieder Schläge und dann stöhnte erst sie und dann war lange nichts zu hören und dann stöhnten sie beide.

Und Till tat weiter das, was er tun wollte und machte sich damit nicht nur Freunde. Im Grunde genommen nicht einen einzigen. Vielmehr zog er den Zorn der anderen Kinder auf sich, denn sie spürten, dass er in vielerlei Hinsicht anders war als sie. Und Till wusste, dass er nicht nur anders war als sie, sondern auch, dass er schlauer war. Und sie merkten, dass er dachte, dass er sie für dumm hielt. Und die, die nicht ganz so dumm waren, wussten, dass er recht hatte. Und die Dummen und die nicht ganz so Dummen nahmen ihm das übel, schubsten und schlugen ihn und nannten ihn ein Wechselbalg.

Wenn er sich dann wehrte, schlugen sie ihn erst recht, fesselten ihn und banden ihn an einen Baum, damit er im Dorf kein Unheil mehr anrichten konnte. Und da saß er dann, bis sich einer fand, der ihn losband.

Und dann ging Till los, um sich zu rächen und als er dann am nächsten Tag wieder am Baum stand und nicht vom Fleck kam, gingen die Leute achtlos an ihm vorüber und taten so, als sähen sie ihn nicht und hörten nicht seine Versuche, mit dem Knebel im Mund um Hilfe zu bitten.

*

Till war es deshalb auch gar nicht so unlieb, dass die Familie Kneitlingen verließ und nach Hohendorf bei Calbe zog, in das Heimatdorf seiner Mutter. Doch schon bald musste er zu seinem großen Verdruss feststellen, dass es ihm dort auch nicht viel besser erging.

Zu allem Überfluss kam auch noch, dass sein Vater krank wurde und die Tinktur, die seine Frau bei dem reisenden Bader für nicht wenig Geld erworben hatte, nicht viel half. Vielleicht auch gar nicht und manch einer sagte sogar, dass sie alles nur noch schlimmer gemacht hätte. Doch der Verkäufer der übel riechenden und auch genauso schmeckenden, schlierigen Flüssigkeit war schon längst über alle Berge, als Claus Eulenspiegel vor Schmerzen sich windend in einer bitterkalten Nacht verstarb.

Die Welt ist ein Jammertal und wenn man allein ist, hört einem noch nicht einmal jemand zu. So erging es auch Anna, denn obwohl sie nur ein einziges Kind durchzufüttern hatte, reichte es doch nicht. Dabei arbeitete sie so viel sie konnte und tat auch vielen Männern gefallen und einigen von ihnen auch einen Gefallen. Doch heiraten wollte sie niemand mehr. Und so hungerten die beiden mehr, als sie aßen.

Als Till größer wurde, drängte sie ihn, in eine Lehre zu gehen. Dabei hatte er dies doch gar nicht nötig, denn er lernte doch schon. Zumindest brachte er sich selbst einiges bei oder guckte sich das eine oder andere ab, wenn mal wieder die Gaukler nach Hohendorf kamen oder in einen anderen Ort in der Umgebung. Und so begann Till zu jonglieren und auf dem Seil zu tanzen.

Aus irgendeinem ihm unbekannten Grunde reichte das seiner Mutter jedoch nicht. Wenn er wieder hoch über allen schwebte, stand sie unten auf dem Boden, zeternd und mit einem Stock in der Hand und drohte ihn zu verprügeln, wenn er wieder herunterkommen würde. Weshalb er lieber gleich oben blieb. Manches Mal musste er sich sogar auf das Dach des Hauses flüchten. Dort harrte er dann aus, bei Hitze und Kälte und Regen und Wind. Nur wenn es blitzte, stieg er hinunter und ertrug klaglos die Schläge.

Einmal jedoch spannte er ein Seil über die Saale, von seinem Haus zu einem Haus auf dem anderen Ufer. Und unten standen die Leute an beiden Seiten des Flusses und schauten zu ihm auf, denn das hatten sie noch nie gesehen und einige schüttelten den Kopf und lachten, während er dort oben stand und jonglierte.

Nur seine Mutter lachte nicht. Vielmehr schlich sie in das Haus auf den Dachboden und durchschnitt das Seil. Und Eulenspiegel verlor den Boden unter den Füßen und noch während er fiel, fiel ihm auf, dass die Leute noch lauter lachten. Und diesmal gefiel es ihm gar nicht. Und während er ans Ufer schwamm, dachte er darüber nach, wie er ihnen das schändliche und lästerliche Maul stopfen könne.

Er stieg dann aus dem Wasser und verschwand für ein paar Tage im Wald und ernährte sich von Beeren und Früchten, bis ihm der Dünnpfiff aus der Hose tropfte und der Magen so laut knurrte, dass er die Wölfe anzulocken drohte. Da schlich er zurück in das Haus seiner Mutter, die gerade einen Gutspächter zu

Besuch hatte, mit dem sie das Bett teilte, weil es doch schon so kalt sei, wie seine Mutter sagte. Und das mitten im Sommer.

Am nächsten Tag besorgte sie ihm Arbeit und ließ ihn Schuhe flicken. Tagaus, tagein saß er nun in der Stube und flickte Schuhe, Schuhe, Schuhe. Dabei stach er sich immer wieder in die Haut und als er fertig war, kamen neue Schuhe, die geflickt werden wollten, und bald begann sein Rücken zu schmerzen und dann seine Glieder, bis er das Gefühl hatte, er könne sie kaum noch bewegen. Dafür bekam seine Mutter auch Geld, doch es reichte hinten und vorne und oben und unten nicht.

Tills Mutter war zudem noch immer der Meinung, er solle in die Lehre gehen und etwas Anständiges lernen.

Das reizte ihn zum Lachen: »Ich langweile mich doch jetzt schon – wie soll ich dann den Rest meines Lebens einem Handwerk nachgehen?«

»Aber wir haben nichts zu essen«, antwortete sie, »und seit vier Wochen kein Brot mehr gehabt.« Und dann fing sie an zu weinen.

»Es kommt, wie es kommt«, erwiderte er.

Und so kam es dann auch.

*

Wenn die Leute über Till Eulenspiegel sprechen, wissen sie selten etwas Gutes zu berichten. Selbst dann, wenn er helfen will, sind sie nicht zufrieden.

Er überlegte also, wie er an Brot kommen könne, ohne Schuhe flicken zu müssen, denn er flickte und flickte und flickte und es reichte doch nie, um satt zu werden.

Also ging er nach Staßfurt, wo ihn niemand kannte. Dort schlenderte er über die Märkte und durch die Gassen und wich den Kothaufen aus und übersprang die gelben Pfützen. Vor dem Haus des reichsten Bäckers blieb er stehen und überlegte. Und nachdem er genug überlegt hatte, nahm er den Sack, den er bei sich trug für das Brot und riss ein kleines Loch hinein.

Danach ging er in den Laden und gab sich als Knecht des Gutspächters aus, der neulich bei seiner Mutter genächtigt hatte, denn man kannte diesen Herren überall und er hatte einen guten Ruf als gottesfürchtiger und wohlhabender Mann. Er wohne in einer Herberge dort drüben am Markt, behauptete Till, und er sei von ihm geschickt worden, um Brot zu holen. Der Bäcker leckte sich die rissigen Lippen, denn das klang nach einem guten Geschäft. Er füllte dann den Sack, den Till ihm gab, und schwitzte dabei wie ein Schwein und ächzte und stöhnte. Schließlich rief er nach dem Lehrling, der herbeieilte und sich gleich eine einfing, weil er wieder einmal zu lang gebraucht hatte. »Wann wirst du jemals lernen, nicht zu trödeln?«, blökte ihn sein Lehrherr an und Eulenspiegel hatte nun noch einen Grund gefunden, niemals eine Lehre machen zu wollen.

Der Bäcker trug dem Lehrling auf, Eulenspiegel tragen zu helfen und das Geld vom Gutspächter in Empfang zu nehmen.

Und wie sie so durch die Straßen gingen, hoffte Till darauf, dass eines dieser vermaledeiten Brote in den Dreck fallen würde, indem es sich durch das sich allmählich weitende Loch zwängte. Doch keines der Backwerke tat ihm diesen Gefallen. Vielmehr musste Till ein wenig nachhelfen und stellte dem gebeugt gehenden Bäckerjungen ein Bein, dass dieser samt Sack in den Dreck fiel, wodurch das eine oder andere der kostbaren Brote nass wurde, woraufhin Till den verblüfft dreinschauenden Jungen beschimpfte und ihn einen Tollpatsch nannte. Und ihm den Sack abnahm und nach ihm trat und ihn anschrie, er solle ein neues holen, so könne er seinem Herrn nicht unter die Augen treten und er solle sich beeilen, sonst werde er ihm Beine machen.

Der Bäckerjunge glaubte nun fast selbst, dass er schuld sei und bekam es mit der Angst zu tun, vor Till und dem Gutspächter und dem Bäckermeister und so rannte er schließlich los, um Ersatz zu beschaffen.

Till jedoch sah zu, dass er Land gewann und als er vor der Stadt war, hatte er noch mehr Glück, denn er traf dort einen Karrenführer aus seiner Gemeinde und legte den noch immer halbwegs heilen Sack auf die Karre und spazierte nebenher. Und dann dachte er kurz an den Bäckerjungen, der übrigens inzwischen halb tot geprügelt in seiner Kammer lag.

Seine Mutter jedoch sagte nichts, als er ihr die Brote reichte.

»Die Fastenzeit ist zu Ende«, erklärte er ihr nur.

Und sie nickte und fragte nicht weiter und aß sich zum ersten Mal seit Monaten satt.

Die Herzog August Bibliothek

Der Aufklärer

»Ich habe erwiesen, daß die Kirche, welche ihr wahres Beste verstehet, sich nicht einfallen lassen kann, die Freyheit, die Religion zu bestreiten, auf irgend eine Weise einzuschränken.«
G. E. Lessing

Die Wolfenbütteler lieben Lessing. Das heißt aber nicht, dass sie in ihn auch lesen. Ihre heutige Zuneigung beruht hauptsächlich darauf, dass er ein kleines bisschen Glanz in ihre kleinstädtische Hütte gebracht hat. Zu seinen Lebzeiten mochten sie den großen Dichter nämlich nicht sonderlich. Schön, dass diese Aversion wenigstens gegenseitig war.

»Lieben« ist daher vielleicht auch das falsche Wort. »Verehren« trifft es vielleicht besser. Ja, sie verehren ihn – wie einen Säulenheiligen – und verweisen auf seine großen Verdienste für die deutsche Literatur. Aber der Mensch Lessing? Was ist mit dem? Der war immerhin ein Trinker und ein Spieler, der den intellektuellen Diskurs liebte und Autoritäten verachtete. Auch wenn er wusste, dass er auf sie angewiesen war und dass er ihnen einiges zu verdanken hatte. »Eigentliche Amtsgeschäfte habe ich nicht Andere, als die ich mir selbst machen will«, schrieb Lessing über seine Arbeit als Bibliothekar der Herzog August Bibliothek. »Ich darf mich rühmen, daß der Erbprinz mehr darauf gesehen, daß ich die Bibliothek, als daß die Bibliothek mich nutzen soll.«[33]

Als Bibliothekar hatte man ihn nämlich 1770 nach Wolfenbüttel geholt. Dem Hamburger fehlte aber hier in der verlassenen ehemaligen Residenzstadt eines deutschen Kleinstaates (1753 waren die Herzöge nach Braunschweig zurückgegangen, nachdem sie von 1432 an hier gelebt hatten) der geistige Austausch mit anderen Dichtern und Denkern seines Kalibers, galt er doch als einer der streitbarsten und geistreichsten Menschen seiner Zeit.

Eines der witzigsten Ausstellungsstücke im heutigen Lessinghaus, das dem großen Dichter annodunnemals als Wohnhaus diente, ist der Spazierstock, mit dessen Hilfe er die 23 Kilometer bis nach Braunschweig (auch nicht gerade eine Metropole) zurücklegte, wo er sich gerne mal ausufernden Trinkgelagen mit seinen Freunden hingab. Der Reiseschriftsteller Ludwig Hevesi behauptet, dass er hier wochenlang für den »Verkehr mit Freunden (lebte), ohne das Geringste zu arbeiten. Da wurde oft in Rennekendorfs berühmten Weinkeller eingekehrt, wo es guten Champagner gab, von dem man auf elf Flaschen die zwölfte umsonst bekam; schon aus Sparsamkeit durfte also nicht wenig getrunken werden.«[34]

Immerhin schuf Lessing hier in Wolfenbüttel einige seiner bedeutendsten Werke. Und am Brauschweiger Theater wurde sogar sein Drama »Emilia Galotti« uraufgeführt. Wobei sich Lessing weigerte, diese oder andere Aufführungen anzuschauen, weil er die höhere Gesellschaft nicht leiden konnte. »Bücklinge gemacht und das Maul bewegt«[35], schrieb er abfällig über seine Teilnahme an einem ihn aufgezwungenen Neujahrsempfang.

In seinen letzten Lebensjahren entstand das Stück »Nathan der Weise«. Fast 40 Jahre lang hatte er sich mit dem Stoff beschäftigt. Berühmt geworden ist die hier enthaltene Ringparabel, ein ergreifendes Plädoyer für religiöse Toleranz. In ihr geht es um eine Familie, in der es Tradition ist, dass der Vater jeweils dem Sohn, den er am meisten liebt, einen Ring schenkt. Das Schmuckstück hat die Wirkung, den Träger bei seinen Mitmenschen beliebt zu machen. Als jedoch ein Vater drei Söhne hat, die er alle drei gleich liebt, lässt er kurzerhand zwei weitere Schmuckstücke anfertigen, die genauso aussehen und schenkt jedem der Sprösslinge einen der gleich aussehenden Ringe. Nun bleibt den Söhnen nichts Anderes übrig, als sich so zu verhalten, als sei jeder von ihnen der Träger des richtigen Rings. Lessing bezieht diese Geschichte auf Juden, Christen und Muslime – die wahre Religion – so die so simple wie schöne Botschaft – ist nur an den Früchten zu erkennen, die sie trägt.

Postum ist dieses Werk erschienen und es hat ihn unsterblich gemacht. Kein Wunder, hat es doch an Aktualität niemals verloren. Auch heute – in einer Zeit, in der religiöse und nationalistische Eiferer Menschen aufeinander hetzen – erinnert es uns daran, dass es nicht darauf ankommt, welche (und eigentlich sogar: ob eine) der Überlieferungen wirklich von Gott stammt, sondern ob ihre Anhänger vermögen, der Gesellschaft, in der sie leben, Gutes zu tun. Das ist wahre Nächstenliebe!

Das Stück enthält so viele Sentenzen, die zitierenswert sind und die teilweise in den allgemeinen Sprachgebrauch übergegangen sind: »Der Aberglauben schlimmster ist, den seinen für den erträglicheren zu halten«[36], »Es sind nicht alle frei, die ihrer Ketten spotten«[37], »Kein Mensch muss müssen«[38], »Nicht die Kinder bloß speist man mit Märchen ab«[39] und »Der Wunder höchstes ist, dass uns die wahren, echten Wunder so alltäglich werden können«[40]. Kann man es schöner, klüger, wortgewandter auf den Punkt bringen?

Nun bezieht sich Lessings Toleranzgebot im Grunde genommen nur auf die drei monotheistischen Religionen Christen, Judentum und Islam, die in der Tat eng miteinander verwandt sind – so wie die Hauptfiguren in »Nathan der Weise« – doch fällt es nicht schwer, auch andere Bekenntnisse anzuerkennen, ist man einmal an den Punkt angekommen, das eigene nicht mehr für das einzige zu halten. Bedenkt man, dass Antisemitismus noch immer ein wesentliches Merkmal rechtsextremer Bewegungen ist, die sich auf das Christentum berufen, haben Sätze wie diese nichts von ihrer Aktualität verloren: »Und ist denn nicht das ganze Christentum aufs Judentum gebaut? Es hat mich oft geärgert, hat mich Tränen genug gekostet, wenn Christen gar so sehr vergessen konnten, dass unser Herr ja selbst ein Jude war.«[41]

Lessing legte sich schon zu einer Zeit mit der Kirche an, als ein Leben ohne irgendeine Konfession noch fast undenkbar war. Er dachte schon damals, dass die Welt auch ohne eine göttliche Offenbarung auskommen könne. Im sogenannten »Fragmentenstreit« veröffentlichte er in der von ihm herausgegebenen Zeitschrift »Zur Geschichte und Litteratur. Aus den Schätzen der Herzoglichen Bibliothek zu Wolfenbüttel« Auszüge aus einem religionskritischen Manuskript des Hamburger Professors Hermann Samuel Reimarus mit dem Titel »Apologie oder Schutzschrift für die vernünftigen Verehrer Gottes«, in dem unter anderem die Existenz von Wundern bestritten wird. Mehr noch: Die Propheten, Apostel und der Heiland werden selbst als Betrüger bezeichnet, wenn sie behaupten, Wunder vollbracht zu haben. Überhaupt die Apostel. Sie werden bezichtigt, die Geschichte und Lehre Jesu verfälscht zu haben. Letztendlich wird sogar die Auferstehung und die Gottessohnschaft Jesu abgestritten. Womit in der Tat von der christlichen Überlieferung nicht mehr allzu viel übrig bleibt. Was insofern gewollt war, als dass der Hamburger Gymnasialprofessor eine »natürliche Religion« dem traditionellen christlichen Glauben mitsamt seinen übernatürlichen Offenbarungen und Wundern vorzog.

Das Echo auf diese anonyme Veröffentlichung war groß. Am bekanntesten wurde die Wortmeldung des Hamburger Hauptpastors Johann Melchior Goeze. Lessing verteidigte daraufhin den noch immer unbekannten Autor mit dem berühmten »Anti-Goeze«. Darauf folgte, dass Lessing ein Schreibverbot in Religionsfragen auferlegt bekam. Und seine Zeitschrift wurde nunmehr der Zensur unterworfen – bisher war sie davon ausgenommen gewesen. Lessing versuchte das Schreibverbot zu umgehen, indem er seine Religionskritik in ein Kunstwerk goss: »Nathan der Weise«: »Die Menschen sind nicht immer, was sie scheinen«, heißt es darin resignierend, »aber selten etwas Besseres.«[42]

Wen wundert es angesichts dessen, dass Lessings Beerdigung 1781 – er wurde in Braunschweig beigesetzt – äußerst spärlich besucht war. Schon überraschender war jedoch, dass bald in Vergessenheit geriet, wo der berühmte Dichter, der nur 52 Jahre alt wurde, überhaupt lag. Erst der Historiker Carl Schiller machte sich Jahrzehnte später auf die Suche, durchkämmte den Magnifriedhof und legte das Grab 1833 wieder frei. Anschließend setzte er sich für ein Lessing-Denkmal ein. 20 Jahre später wurde es enthüllt. Zur Belohnung erhielt er selbst ein schönes Grabmal – ganz in der Nähe des Meisters.

Neben Lessings Grab in Braunschweig auf dem Magnifriedhof und seinem Denkmal auf dem dortigen Lessingplatz, wird Lessing auch in Wolfenbüttel gedacht, nämlich durch die Lessing-Realschule, das Lessinghaus (am Lessingplatz 1) und die Lessing-Akademie. Letztere vergibt seit 2002 in Kooperation mit der Braunschweigischen Stiftung alle zwei Jahre den Lessing-Preis für Kritik. Zu den Preisträgern zählten bisher Alexander Kluge, Elfriede Jelinek, Peter Sloterdijk und Claus Peymann, einen Förderpreis erhielt unter anderem Dietmar Dath. Der Ort der Preisvergabe ist natürlich die Herzog August Bibliothek. Auf der Website der Lessing-Akademie gibt es übrigens ein hübsches Lessing-Quiz. Ich brachte es dabei auf immerhin 14 von 24 Punkten: »Aufklärung ist für Sie ein Wort«, erfuhr ich in der Auswertung, »das Sie nicht nur auf biologische Verhaltensweisen, sondern auch auf die Epoche des 18. Jahrhunderts beziehen. Auch von Lessing, seiner Biographie und den Fragen seiner Zeit haben Sie schon einiges gehört, es ist nur noch wenig Spielraum nach oben. Als Mitgliedskandidat der Lessing-Akademie in Erfolg versprechender Wartestellung.« Allerdings: Hätte ich nur einen Punkt weniger bekommen, hätte ich diese Sätze auf mich beziehen müssen: »Die Welt von Lessing, Moses Mendelssohn und der deutschen Aufklärung ist noch nicht ganz die Ihre. Soll sie es werden, ist eine Steigerung wohl unerlässlich.« Gehen Sie also ruhig in dieses Quiz. Es ist verdammt schwer und ein nicht so gutes Abschneiden damit keineswegs ehrenrührig.

Die Briefschreiberin

»Wie gerne wünsche ich mir diese Jahre zurück, die einzigen, in welchen ich glücklich gelebt habe.«[43]
G. E. Lessing

»Oh, ich wollte es auch einmal so gut haben, wie andere Menschen. Aber es ist mir schlecht bekommen!«[44] Ja, Gotthold Ephraim Lessing liebte seine Eva und als sie im Kindbett starb, war er im wahrsten Sinne des Wortes untröstlich. Wie sehr die beiden sich mochten, ist dem 193 Schriften umfassenden Briefwechsel deutlich anzumerken, denn auch wenn sie sich viel über Alltägliches austauschten, finden sich doch zwischen all den Seiten über ihre Befindlichkeiten und über alltägliche Ereignisse auch echte Zuneigungsbekundungen. Er gilt als einer der bedeutendsten Briefwechsel der Aufklärungszeit.

Eva König, geborene Hahn, verwitwete König, wurde 1736 in Heidelberg als Tochter eines wohlhabenden Kaufmanns geboren. 1756 heiratete sie den Hamburger Fabrikanten Engelbert König. Elf Jahre später lernte sie Lessing kennen, der mit ihrem Mann befreundet war und damals als Dramaturg am Hamburger Nationaltheater tätig war. 1769 später starb ihr Gatte auf einer Geschäftsreise, 1771 folgte die heimliche Verlobung von Gotthold und Eva. Ihre Hochzeit mussten sie jedoch erst einmal verschieben, da sie einige Zeit in Wien verbrachte, um den Nachlass ihres Mannes zu klären, während ihr Verlobter 1775 gezwungen war, mit dem Prinzen Leopold nach Italien zu reisen. Erst im darauffolgenden Jahr konnten sie heiraten.

Doch schon drei Jahre später starb Eva im Wochenbett, nur wenige Tage nach ihrem Söhnchen Traugott, ihrem einzigen gemeinsamen Kind. Von diesem Schicksalsschlag erholte sich Lessing nie mehr. An seinen Freund, den Hochschullehrer Johann

Joachim Eschenburg, schrieb Lessing: »Wenn ich mit der einen Hälfte meiner übrigen Tage das Glück erkaufen könnte, die andere Hälfte in Gesellschaft dieser Frau zu verleben, wie gerne würde ich es tun!«[45] Kann es eine schönere Liebeserklärung geben?

Eva, schrieb Lessing, ist eine »liebenswürdige Frau von vielem Verstande«[46]. Der genaue Standort des Grabes von Eva König ist unbekannt, aber immerhin wurde ihr 1929 auf dem Bürgerfriedhof am Landeshuter Platz ein Gedenkstein errichtet.

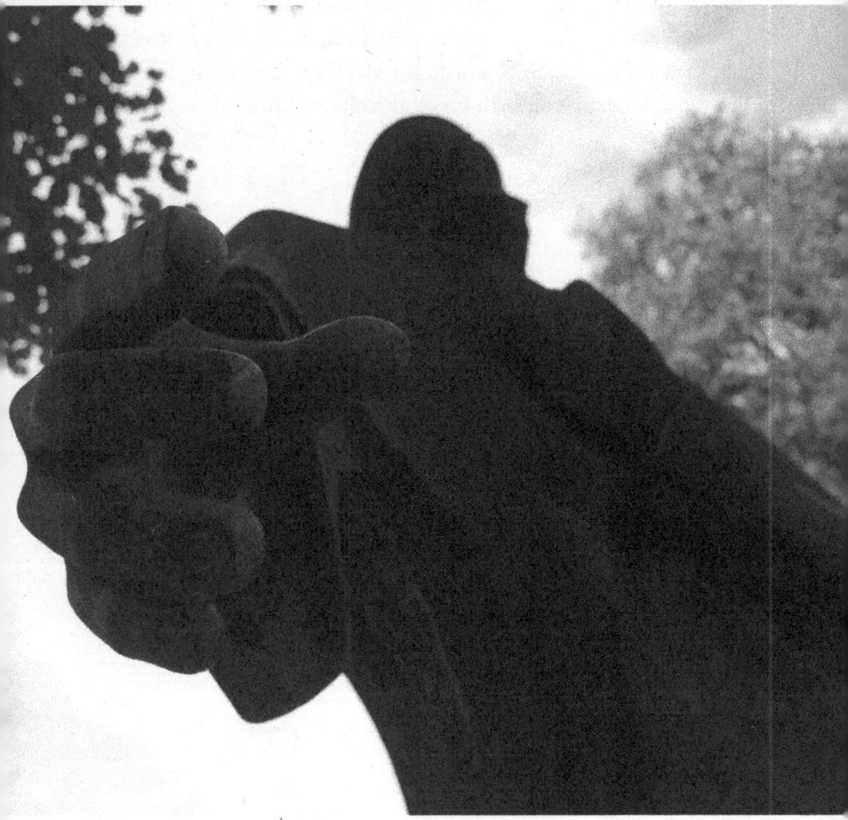

Nathan der Weise: ein packendes Drama

Der Theaterautor

Lessing also. Der streitbare Dichter machte sich zu den verschiedensten Themen Gedanken, unter anderem auch zur Situation des Theaters in Deutschland. Er schielte dabei nach England, das durch seinen Shakespeare (hierzulande noch weitgehend ignoriert) seiner Zeit diesbezüglich weit voraus war. Auch den antiken Philosophen Aristoteles zog er als Kronzeugen für die von ihm gewünschte Reformierung des Dramatischen Spiels in seinem Heimatland an. In seinen Trauerspielen »Miss Sara Sampson« und »Emilia Galotti« versuchte er auch gleich selbst, diese Kritik umzusetzen. Und mit der »Minna von Barnhelm« (noch eine weitere starke Frauenfigur übrigens!) schuf er ein äußerst erfolgreiches Modell für das künftige deutsche Lustspiel.

Sein wichtigstes Werk war aber natürlich »Nathan der Weise«. Kein Wunder also, dass diese weltberühmte Bühnenfigur in Wolfenbüttel ein eigenes Denkmal bekommen hat. Es steht in unmittelbarer Umgebung zum Lessinghaus. Der Künstler, Erich Schmidtbochum, arbeitete seit 1957 an der Skulptur, die nach dem Vorbild des Schauspielers Ernst Deutsch gestaltet ist. Sie zeigt ihn in dem Moment, als er dem Sultan Saladin die Fabel der drei Ringe erzählt. »Bis die Arbeit modelliert und in Bronze gegossen war, vergingen einige Jahre. Ich schenkte den Wolfenbütteler Bürgern meinen großen Nathan der Weise, wobei die Stadt Wolfenbüttel allerdings die bescheidene Rechnung des Düsseldorfer Bronzegießers übernahm.«[47] Die Enthüllung folgte am 23. Juni 1961. »Nach der Enthüllungsfeier hatte die Stadtverwaltung zu einem Imbiss im Renaissance-Saal des Schlosses eingeladen. Ich selbst wurde zu einem längeren Interview von Fernsehen, Radio und Presse aufgehalten. Als dieses beendet war, begab ich mich auch zum Imbiss ins Schloss. Nur noch wenige Gäste waren da, die anderen hatten gesättigt den Saal verlassen, die Tische waren leer. Auf meine bescheidene Frage, ob denn für mich kein Schnittchen übrig geblieben sei, zuckten die Honoratioren der Stadt mit den Schultern.

Sollte die Schenkung des ›Nathan-Denkmals‹ noch nicht mal ein Butterbrot wert sein?«[48] Anerkennende Briefe erhielt Schmidtbochum jedoch von Bundespräsident Theodor Heuss, von Albert Schweitzer und von Ernst Deutsch, dem »Model«. Und es gibt inzwischen auch ein Ehrengrab für den Bildhauer auf dem Wolfenbütteler Friedhof.

Zurück zum Lessing-Theater am Harztorwall. Man darf wohl durchaus unterstellen, dass es immer noch in der aufklärerischen Tradition Lessings steht. Was schon daran zu erkennen ist, dass es 1909, noch unter dem Namen Stadttheater, mit einer Aufführung des Nathan eröffnet wurde (auch wenn erst 1929 die Umbenennung in Lessingtheater erfolgte). Das Theatergebäude besticht durch eine architektonische Mischung aus Jugendstil und Neoklassizismus und gilt damit als eines der schönsten Theater Niedersachsens. Im Rahmen von Gruppenführungen kann es besichtigt werden. Oder Sie besuchen einfach eine Aufführung der rund 100 Schauspiele und Musikproduktionen, die übrigens alle Gastspiele sind, da das Theater kein eigenes Ensemble hat. Immerhin spielten hier aber schon Rufus Beck, Barbara Wussow, Robert Stadlober, Jutta Speidel, Götz George, Brigitte Horney, Horst Tappert und Will Quadflieg. 2007 musste es aus Brandschutzgründen für einige Jahre schließen, 2013 folgte die triumphale Wiedereröffnung.

Theater in Wolfenbüttel: In diesem Zusammenhang darf man das Lessingfestival nicht vergessen, das alle zwei Jahre in Wolfenbüttel und Braunschweig stattfindet. Hier wird nicht nur das Leben und Werk des Meisters betrachtet, begutachtet und vorgestellt, sondern auch dessen Wirkung untersucht. Und natürlich geht es auch darum, Lessings Einsatz für Aufklärung und Toleranz fortzuführen.

Gegenüber: Das Lessingtheater

LESSING - THEATER

Der Selbstmörder

Ein berühmter Wolfenbütteler, von dem jedoch wohl nur die wenigsten wissen, dass er ein Kind dieser Stadt ist, ist Karl Wilhelm Jerusalem. Karl wer? Karl Wilhelm Jerusalem, der das Vorbild der Titelfigur aus »Die Leiden des jungen Werther« ist – der Briefroman, mit dem Goethe berühmt wurde und der zu einer Selbstmordwelle in Europa geführt haben soll.

Karl Wilhelm wurde 1747 in Wolfenbüttel als Sohn des evangelischen Theologen Johann Friedrich Wilhelm Jerusalem (Abt Jerusalem genannt) geboren, der nicht nur ein Theologe der Aufklärung war, sondern auch Initiator und Gründer des Collegium Carolinum, des Vorläufers der Technischen Universität Braunschweig.

Während seines Studiums in Leipzig lernte Karl Wilhelm den noch unbekannten Johann Wolfgang Goethe kennen, mochte ihn aber nicht sonderlich. Als er danach als braunschweigischer Gesandtschaftssekretär in Wetzlar arbeitete, traf er wiederum auf den angehenden Dichterfürsten. Jerusalem fühlte sich in der fremden Stadt nicht wohl, nicht zuletzt auch deshalb, weil er sich von den adeligen Kollegen nicht anerkannt fühlte. Auch die Juristerei langweilte ihn. Und zu allem Überfluss verliebte er sich auch noch in eine schon verheiratete Dame, in Elisabeth Herd. Es kam wie es kommen musste: am 29. Oktober 1772 beging er in seiner Wohnung Selbstmord. Erst verschossen, dann erschossen.

Goethe, der ebenfalls eine unglückliche Liebe hinter sich hatte, schrieb daraufhin innerhalb von sechs Wochen »Die Leiden des jungen Werther«. Dieser Briefroman wurde sein zweiter großer literarischer Erfolg nach dem »Götz von Berlichingen«. Und sein endgültiger Durchbruch. 1774 erschienen, wurde er sofort zum Bestseller.

Gotthold Ephraim Lessing mochte dieses Buch übrigens gar nicht. »Also, lieber Goethe, noch ein Kapitelchen zum Schlusse; und je cynischer je besser!«[49], schrieb er. Lessing war nämlich erbost, dass Goethe im Schlussteil seines Romans eine Spur legte, die dem zwanzig Jahre älteren Kollegen eine geistige Mitverantwortung für den Tod des jungen Werther nahe legt. Nach der Schilderung des Suizids und des Todeskampfes finden sich dort nämlich die folgenden Sätze: »Von dem Wein hatte er nur ein Glas getrunken. (...) Emilia Galotti lag auf dem Pulte aufgeschlagen.«[50] Goethe mochte »Emilia Galotti« nämlich nicht. Es sei das Werk des kontrollierenden Verstandes, dem es an poetischer Zauberkraft fehle, urteilte er, alles an dem Stück sei »nur gedacht«[51].

Lessing wiederum echauffierte sich darüber, dass »der Charakter des jungen Jerusalems ... ganz verfehlt«[52] wäre. Nachdem ihm sein Freund und Kollege Nicolai eine Parodie des Stückes »Die Freuden des jungen Werther« zugeschickt hatte, fühlte sich Lessing selbst zu einem satirischen Stück angeregt, das allerdings niemals über die Planungsphase unter dem Titel »Werther, der bessere« hinauskam.

Stattdessen beschloss er, Jerusalems philosophischen Aufsätze herauszugeben, die in Wolfenbüttel nach gemeinsamer Lektüre und Diskussion von Moses Mendelssohns »Phaedon« entstanden waren. Er wolle, sagte er, »Jerusalems Betrachtungen nicht mit einer zu scharfen Waage repräsentieren«[53], sondern »ihn lediglich vom Image des »empfindsamen Narren«[54] befreien. An Jerusalems Aufsätzen (von denen einer eine Verteidigung des Selbstmords war), lobte er »den Geist der kalten Betrachtung«[55]. Womit sie das Gegenteil von Goethes Sturm- und Drang-Gefühlsduselei repräsentierten. Jerusalem sei eben »ein wahre(r), nachdenkende(r) Philosoph«[56] gewesen.

Die Mäzenin

Johann Friedrich Wilhelm Jerusalem, der Vater des Werther-Vorbilds, war nicht nur Theologe und Wissenschaftler, sondern auch Erzieher am Welfenhof in Wolfenbüttel. Als eine seiner gelehrigsten Schülerinnen darf wohl Anna Amalia, die Tochter von Herzog Karl I. und der preußischen Prinzessin Philippine Charlotte, einer Schwester Friedrich des Großen, gelten. Ihre Bildung war umfassend, nur die herrischen Gouvernanten nervten sie, so dass sie es als Befreiung aus dem allzu strengen Elternhaus empfand (in dem sie sich auch noch gegenüber ihren Geschwistern benachteiligt fühlte), als sie 1756 im Braunschweiger Schloss den Herzog Ernst August Constantin von Sachsen-Weimar-Eisenach heiratete. Erst 16 Jahre alt war sie damals. Sie gebar zwei Söhne in zwei Jahren, doch schon die Geburt des zweiten Kindes erlebte ihr Mann nicht mehr, so dass sie im Alter von nur 20 Jahren die Regierungsgeschäfte übernahm, vormundschaftlich für ihren Ältesten.

Das war ein großes Glück für das kleine Herzogtum, denn die junge Frau zog in ihrer Regierungszeit neben Goethe auch Christoph Martin Wieland, Johann Gottfried Herder und Charlotte von Stein nach Weimar und plante große Reformen – die jedoch am Widerstand von Räten und Landständen scheiterten. Aber auch die einfache Bevölkerung war ihr nicht wohlgesonnen. Ein von ihr geplantes Geburtshaus empfanden ihre Untertanen als unschicklich – oder vielleicht auch einfach nur den von ihr zur Finanzierung vorgesehenen »Hebammengroschen«. Die Folge waren Tumulte, Unruhen und ein brennendes Schloss.

Ihr Sohn übernahm dann an seinem 18. Geburtstag die Regierungsgeschäfte, während sie weiterhin Kunst und Wissenschaft, Theater und Musik förderte. Außerdem zeichnete und malte sie und ging auf eine zweijährige Italienreise. Und sie suchte weiterhin den Kontakt mit den Geistesgrößen ihrer Zeit, so traf sie zum

Beispiel auch Lessing in Braunschweig und auch zu Friedrich den Großen nahm sie Kontakt auf. Als Herausgeberin des »Journals von Tiefurt« wollte die Kunstliebhaberin zeigen, wer im literarischen Leben Deutschlands den Ton angab: der Weimarer Hof nämlich. Dem sie mit nicht gerade preiswerten Bällen und anderen Festivitäten Glanz verlieh.

Ihr Meisterwerk ist jedoch sicherlich die Herzogin Amalia Bibliothek, die schon 1691 als Herzogliche Bibliothek gegründet worden war und sich heute rühmen darf, als Teil des Ensembles »Klassisches Weimar« zu einem UNESCO-Weltkulturerbe zu zählen. Hier findet man auch ihre private Bibliothek mit 5.000 Bänden, darunter französische Literatur, aber auch viele deutschsprachige Werke. Das darf man durchaus als Ausdruck eines kulturellen Paradigmenwechsels interpretieren: Frankreich hatte seinen Machtzenit zwar noch nicht erreicht, verlor sprachlich aber in Europa schon an Boden. Ihre private Buchsammlung zeigt, dass sie sich mit den großen Philosophen auseinandersetzte (Voltaire, Immanuel Kant und John Locke) – und dass sie sich bewusst war, dass Frauen in dieser Welt nicht viel zu sagen haben – auch wenn sie viel zu sagen haben, denn es findet sich unter ihren Büchern »überraschend viel Literatur von Frauen, über Frauen und für Frauen«[57].

1807 starb sie nach kurzer schwerer Krankheit. Goethe selbst verfasste einen Nachruf auf sie.

Wolters oder wolters nicht?

Ein gastronomischer Spaziergang durch Wolfenbüttel

Da steht er also, der Herzog August. Seit Jahr und Tag beziehungsweise seit 1904. Wohlgemerkt: Er steht, obwohl es sich dabei im Grunde um ein Reiterdenkmal handelt. Wollte der Berliner Bildhauer Georg Renatus Meyer-Steglitz den Herzog damit zeigen, dass zumindest *dieser* Herzog nicht auf seinem hohen Ross saß, um auf die Menschen herabzublicken. Zudem das Denkmal ja auch gleichzeitig ein Brunnen ist. Auch das eine menschenfreundliche Geste. Oder zumindest eine das Stadtbild verschönernde. Außerdem, schrieb Julius Zwißel, der Vorsitzende des Verschönerungsvereins zu Wolfenbüttel, der das Denkmal gestiftet hatte, erinnere »(d)ie lebendige Stärke des Quells ... den Herzog daran, daß auch dieser all die Schrecknisse des Krieges durchgemacht (hat) und doch wieder muthig und frisch sein Wasser springen läßt.«[58]

Wie dem auch sei, das Denkmal zählt auf jeden Fall zu den Wahrzeichen der Stadt – nicht zuletzt auch deshalb, weil es an zentraler Stelle steht, nämlich auf dem Stadtmarkt, wo nicht nur jeden Mittwoch und Samstag der WOCHENMARKT stattfindet, sondern auch der alle Jahre wieder stattfindende WEIHNACHTSMARKT seinen Kern hat, den man unbedingt mal besucht haben sollte, auch als Auswärtiger.

Hier wird übrigens jedes Jahr die sogenannte »Friedenstanne« aufgestellt, die aus Norwegen heran gekarrt wird und an die Schrecken des Zweiten Weltkriegs erinnert. Beziehungsweise daran, dass Gott und den Alliierten sei Dank, diese zum Glück vorbei sind. Seit 1585 wird der Weihnachtsmarkt auf dem Stadtmarkt veranstaltet und am Wochenende, wenn der Besucherandrang besonders groß ist, wird er auf die benachbarten Höfe erweitert (zum Beispiel auf den Museumshof hinter der Kanzlei).

O’zapft is’: der Bayerische Hof

Ansonsten gibt es hier das, was es auf jedem guten Weihnachtsmarkt gibt: Glühwein, Bratwurst, Zuckerwatte.

Die Höfe – sie sind eine ganz besondere Attraktion in der ohnehin schon liebreizenden Altstadt von Wolfenbüttel. Auch das gastronomische Angebot weiß mit vielen Lokalitäten und Lokalen aufzuwarten, allen voran das HOFCAFÉ (Klosterstraße 5), dessen Besuch sich zu jeder Jahreszeit lohnt, besonders aber im Sommer, wenn der Garten dazu einlädt, sich von den unendlichen Strapazen des samstäglichen Einkaufmarathons zu erholen.

Der Name PINOCCHIO (Kornmarkt 14, Eingang über Kleine Kirchstraße) lässt schon vermuten, dass das Café nicht das allergrößte ist. Ganz im Gegenteil: Es rühmt sich »die kleinste Kafferösterei im Norden« zu sein, was auch immer das bedeutet. Der Norden Europas? Deutschlands? Wolfenbüttels?

BAYERISCHER HOF – wer sein Gasthaus so nennt, bietet keine vegane, kalorienreduzierte, geschmacksneutrale und glutenfreie Vollkorn-Trennkost-Gerichte an. Hier gibt's traditionelle deutsche Küche im altdeutschen Ambiente. Der Adresse, in der Sie den Bayerische Hof finden, sagt eigentlich alles: Brauergildenstraße 5.

Wer danach noch Platz in seinem Magen hat (aber Eis geht ja immer), möge in das EISCAFÉ MARTINI in der Langen Straße 4 wanken, das mit einer beeindruckenden Auswahl an Eissorten in den verschiedensten Geschmacksrichtungen aufwarten kann.

Weiter geht's am berühmten Lessingtheater vorbei Richtung Stadtgraben und Freibad zu einem der traditionsreichsten Lokale der Stadt: dem PARKHOTEL ALTES KAFFEEHAUS. Schon im 19. Jahrhundert gab es hier ein Türkisches Caféhaus, mit dem den Gästen der neuen Eisenbahnstrecke ein gastronomisches Ziel ihrer kleinen Fahrt von Braunschweig nach Wolfenbüttel geboten wurde. Heute ist in dem unter Denkmalschutz stehenden Gebäude im Harztorwall 18 ein Restaurant und ein Hotel zu finden.

Wenn Sie schon mal am Stadtgraben sind, ist es auch nicht mehr weit bis zum Strand. Beziehungsweise bis zum STRANDWOLF (Landeshuter Platz 6), der hiesigen Beachbar.

Zimmerhof 13

Oder mögen Sie es lieber italienisch? Dann empfehle ich Ihnen das Restaurant DA GIOVANNI in der Harzstraße 20, das vor allem durch seine Nudelgerichte zu überzeugen weiß.

Mein Geheimtipp ist jedoch das winzige Lokal TOMATO (Kommißstraße 8), das äußerst preiswerte Pizzen zu bieten hat. Beim Eintreten in den Gastraum – eine kleine Terrasse gibt es auch – heißt es jedoch: »Kopf ducken!«. Sonst stoßen sie sich denselben! Aber an der niedrigen Decke sollten sie sich nicht stoßen, alles andere weiß hier auch hohen Ansprüchen gerecht zu werden. Und jetzt Schluss mit dieser Kalauerei!

Der ZIMMERHOF DREIZEHN (im Großen Zimmerhof 13) ist eine kleine Berühmtheit. Die Lage ist geradezu ideal, direkt am Wasser und in einer der schönsten (und frisch sanierten) Straßen der Altstadt. Auf drei Etagen gibt es alles, was ein gutes deutsches Gasthaus zu bieten hat.

Zurück zum Kornmarkt, zurück zur deutschen Küche. Die gibt es im Imbiss WURSTELUFFE, am Kornmarkt 11 direkt neben der blaugelben WOLTERS BIERSTUBE.

Ich hoffe, Sie sind jetzt endlich satt!

Gegenüber: Schon Fips Asmussen liebte die 13.

Der Märchenonkel

Galten lange Zeit Latein, Französisch oder auch Italienisch als die Sprachen der Gelehrten, der Mächtigen und der Kulturbeflissenen, werkelten nach der Renaissance allerlei Menschen in ganz Deutschland daran, die deutsche Sprache hoffähig zu machen, sie zu vereinheitlichen und sie von ihrem bildungsfernen Bauern-Image zu befreien.

Die Brüder Grimm, Jacob und Wilhelm, zählen zu den wichtigsten Wissenschaftlern, die sich Zeit ihres Lebens diesem umfangreichen Unterfangen widmeten. Sie entsprangen einer Gelehrtenfamilie und wurden von ihren Eltern systematisch auf eine juristische Laufbahn vorbereitet – die sie ausschlugen, um sich der Sprachwissenschaft und der Volkskunde (heute würde man vielleicht »Ethnologie« sagen) zu widmen. Sie gelten als Gründungsväter der Germanistik und haben mit der Sammlung der »Kinder- und Hausmärchen« eines der großen Werke der Weltliteratur geschaffen, die sogar zum Weltdokumentenerbe der UNESCO zählen. Zudem sind sie auch noch als Teil der »Göttinger Sieben«, die sich gegen den Verfassungsbruch des hannoverschen Königs widersetzten, in bleibender und guter Erinnerung geblieben. 200 Straßen sind nach ihnen benannt – nach den Geschwistern Scholl sind sie damit die zweithäufigsten Paten für Straßennamen in ganz Deutschland. Dazu kommen noch diverse Banknoten und Briefmarken, die ihnen gewidmet sind, sowie Denkmäler, Professuren und Preise. Last but not least gibt es vier Brüder Grimm-Städte in Deutschland. Auch ihr Bruder Ludwig Grimm brachte es als Maler zu einiger Bekanntheit; unter anderem illustrierte er ihre Märchen.

Und dann gab es noch Ferdinand Philipp Grimm, ihren jüngeren Bruder, der 1788 in Hanau geboren wurde. Er besuchte von 1803 bis 1805 die Unterklassen des Lyzeums in Kassel und wurde entlassen, »um sich vom Schreiben zu nähren«[59]. Schon heute ist das Vorhaben, als Schriftsteller zu leben, ein Wagnis – damals jedoch war es ein halsbrecherisches Unterfangen. Anfangs lebte er bei seinen Brüdern Jacob und Wilhelm in Kassel, danach kam er bei Ludwig in München unter. Seit 1815 war er Korrektor in Berlin, bei Reimer, dem Verleger der Kinder- und Hausmärchen der Brüder Grimm. 1834 wurde er jedoch entlassen und zog wieder zu seinen inzwischen berühmten Brüdern Jacob und Wilhelm, diesmal nach Göttingen. 1836 besuchte er die Bibliothek in Wolfenbüttel, aus der er regelmäßig entlieh, um seinen Brüdern zuzuarbeiten, auf deren finanzielle Hilfe er zeitlebens angewiesen war. In Wolfenbüttel geriet er jedoch in echte existentielle Not.

Drei Sammlungen von Märchen und Sagen aus älterer Literatur, aber auch aus mündlicher Überlieferung veröffentlichte Ferdinand, alle drei unter Pseudonym: Lothar (althochdeutsch: laut, bekannt), Philipp von Steinau (zweiter Vorname und Name des Ortes, an dem er von 1790 bis 1803 lebte) sowie Friedrich Grimm (der Name des Großvaters, über den er die Schlüsselgeschichte »Tante Henriette« verfasste). Die letzte dieser Sammlungen erschien postum und obwohl sie sich alle durch einen durchaus volksnahen Stil auszeichneten, wurde keine auch nur annähernd so erfolgreich wie die Werke seiner großen Brüder.

Bekannt als der unbekannte Bruder der berühmten Brüder Grimm ist es vielleicht an der Zeit, ihm einen Straßennamen in Wolfenbüttel zu widmen, wo er 1845 starb.

Hier wache ich!

Der Dirigent

Noch so ein großer unbekannter Wolfenbütteler: Theodor Eisfeld wurde 1816 in Wolfenbüttel geboren. Er studierte in Braunschweig Violine sowie in Dresden Komposition und Dirigieren. Anschließend wurde er Hofkapellmeister in Wiesbaden und Dirigent in Paris. Nebenbei studierte er in Bologna und Paris Gesang bei Rossini. Außerdem wurde er Ehrenmitglied der Accademia Santa Cecilia in Rom. Den Höhepunkt seines Schaffens erreichte er, als er von 1849 bis 1865 Chefdirigent der New Yorker Philharmoniker war. Und dann der Absturz. 1865 machte er sich mit dem Dampfer Austria auf dem Weg nach Deutschland, mit dem er jedoch Schiffbruch erlitt. Theodore Eisfeld überlebte nur, weil er bewusstlos im Wasser treibend von der Besatzung eines Rettungsbootes aufgefischt wurde. Die Folge des Unglücks war ein Nervenleiden, das ihn fortan an der Ausübung seines Berufes hinderte.

1882 starb er in Wiesbaden.

Fünf Gesichter, kein Hinterkopf – und was macht er vor dem Leibnitzhaus?

Der Schriftsteller

Wilhelm Raabe also. Auch er stammte, gleich Ferdinand Grimm, aus einer gebildeten, literarisch interessierten Familie. Und auch er war ein veritabler Schulversager. Im Gegensatz zu Grimm gelang es ihm aber, nach seinem desaströsen Karrierestart doch noch etwas aus sich zu machen. Sogar in akademischer Hinsicht, da man so freundlich war, ihm die Ehrendoktorwürde zu verleihen.

Aber der Reihe nach: Wilhelm Karl Raabe wurde 1831 in Eschershausen geboren. »Meine Mutter ist es gewesen«, schrieb er, »die mir das Lesen aus dem Robinson Crusoe unseres alten Landsmanns aus Deensen, Joachim Heinrich Campe beigebracht hat. Was ich nachher auf Volks- und Bürgerschulen, Gymnasien und auf der Universität an Wissenschaften zu erworben habe, heftet sich alles an den lieben feinen Finger, der mir ums Jahr 1836 herum den Punkt über dem i wies.«[60]

Nach dem Tod des Vaters 1845 zog die Familie nach Wolfenbüttel, wo er die Große Schule besuchte. Das Abitur erwarb er dort jedoch nicht, auch eine Buchhändlerausbildung in Magdeburg brach er ab: »Wie mich danach unseres Herrgotts Kanzlei, die brave Stadt Magdeburg, davor bewahrte, ein mittelmäßiger Jurist, Schulmeister, Arzt oder gar Pastor zu werden, halte ich für eine Fügung, für welche ich nicht dankbar genug sein kann.«[61] Immerhin studierte er von 1854 bis 1856 als Gasthörer in Berlin und begann dort mit dem Schreiben der »Chronik der Sperlingsgasse« (er lebte damals in der Spreegasse), dessen Veröffentlichung 1856 es ihm sogleich ermöglichte, professioneller Schriftsteller zu werden. Von 1856 bis 1862 lebte er wieder in Wolfenbüttel und trat hier dem »Namenlosen Klub« bei, in dem Angehörige Wolfenbütteler Honoratiorenfamilien Geselligkeit pflegen. Sie trafen sich zu diesem Zwecke im Hotel »Zum Goldenen Löwen« in der Breiten Herzogstraße 20/21. In seinem

Roman »Abu Telfan« nannte Raabe das Haus »Zum goldenen Pfau« und Wolfenbüttel titulierte er als »Nippenburg«. In Wolfenbüttel fand er auch die Liebe seines Lebens, Bertha Leiste, die er 1862 ehelichte.

Das in Berlin und Wolfenbüttel entstandene Werk verachtete er jedoch als »Jugendquark«[62]: »Denn für die Schriften meiner ersten Schaffensperiode (...) habe ich ›Leser‹ gefunden, für den Rest nur ›Liebhaber‹, aber mit denen, wie ich meine, freilich das allervornehmste Publikum, was das deutsche Volk gegenwärtig aufzuweisen hat.«[63]

Den sechs Jahren in Wolfenbüttel folgten acht in Stuttgart. Danach lebte der Schriftsteller und Hobby-Maler bis zu seinem Lebensende in Braunschweig, wo er 1910 hochgeehrt starb. Und auch wenn seine Bücher vielleicht nicht mehr so viel gelesen werden, wie annodunnemals, so lebt er doch als Namenspatron des äußerst renommierten Wilhelm-Raabe-Literaturpreises weiter, mit dem bisher unter anderen Rainald Goetz, Wolf Haas, Christian Kracht, Clemens J. Setz und Heinz Strunk ausgezeichnet wurden. In Braunschweig gibt es an seinem ehemaligen Wohnort das Raabe-Haus zu besuchen. Ein solches, allerdings ohne Museumsfunktion, gibt es auch in Wolfenbüttel in der Okerstraße 10. Ebenso gibt es hier eine Wilhelm-Raabe-Straße – sie geht sinnigerweise von der Campestraße ab.

Last but not least ist in Wolfenbüttel auch eine Schule nach ihm benannt – eine Grundschule wohlgemerkt, kein Gymnasium, wahrscheinlich damit niemand auf die Idee kommt, es dem Namenspatron gleichzutun und die Schulbildung vorzeitig zu beenden.

Der Zeichner

Max und Moritz, die fromme Helene, Plisch und Plum, Hans Huckebein und Lehrer Lämpel – wer kennt nicht die Figuren aus den Büchern des niedersächsischen Künstlers Wilhelm Busch? Dabei ist der Schulversager und Studienabbrecher eine fast tragische Gestalt, der gerne ein anerkannter ernsthafter Maler gewesen wäre und seine Bildergeschichten nur des Geldes wegen schrieb. Der verkannte Opernlibrettist, verhinderte Philosoph und gescheiterte Lyriker verkaufte seinen größten Erfolg – »Max und Moritz« – für'n Appel und ein Ei, nicht ahnend, dass sich das Werk bis zu seinem Tod im Jahr 1908 über vierhunderttausend Mal verkaufen sollte.

Wilhelm Busch war allerdings eine ambivalente Figur, die auch vor antisemitischen Klischees und antiklerikaler Propaganda nicht zurückschreckte. Er sammelte – siehe Gebrüder Grimm – Märchen und Sagen, Balladen und Lieder sowie volkstümliche Reime und Bruchstücke dörflichen Aberglaubens – und wurde dafür später von den Nazis als »völkischer Seher« missverstanden. Nicht zu vergessen: Der passionierte Raucher und leidenschaftliche Alkoholiker war zeitlebens ein standhafter Hagestolz.

Doch was hat er in diesem Buch über Wolfenbüttel zu suchen? Ganz einfach: Er war des Öfteren zu Gast bei seinem jüngeren Bruder Gustav, der als Verwalter, Landwirt und Fabrikant in der kleinen lieben Herzogstadt lebte und hier mit der Tochter eines Gastwirts und Fuhrunternehmers verheiratet war. 1863 übernahm er die Geschäfte seines Schwiegervaters, 1872 gründete er eine Konservenfabrik. Seit 1862 zog es Busch alljährlich nach Wolfenbüttel. Bis 1899 kam er regelmäßig hierher, über Braunschweig mit der Bahn anreisend, suchte Entspannung und Geselligkeit, skizzierte und malte in der sogenannten »Bretterbude«, die eigens hierfür errichtet wurde und mit echtem Nordlicht ausgestattet war. Kleine Porträts entstanden hier, Alltagsszenen und

Tierzeichnungen. Und viele Briefe an seine Freunde, Verleger und Kollegen. In den Worten seines Kollegen Tobias Wagner: »Weil ich das Leben hier so mag, / baut ich aus Holz mir 'nen Verschlag.' / Dort, wo heut das Forsthaus steht, / ein Hauch von Wilhelm jetzt noch weht.« Doch als »der Gustav aus dem Leben schied (...) Wilhelm das Städtchen fortan mied.«[64.]

Heute weiß man Wilhelm Busch mehr denn je zu schätzen – als so grandiosen wie grotesken Humoristen, als komischen Lyriker und vor allem als Wegbereiter der Comic-Kultur, über die er über diverse Epigonen – allen voran über die New Yorker »Katzenjammer Kids« – entscheidenden Einfluss genommen hat.

Man sollte ihm in Wolfenbüttel ein Denkmal setzen! Ach, das gibt es ja schon. Es steht – zumindest zum Zeitpunkt der Niederschrift dieses Buches – vor dem Schloss. Auch in der Wilhelm-Busch-Apotheke wird seiner würdig gedacht. Mit dem Verkauf von Tabletten, die auch gegen katerbedingte Kopfschmerzen helfen.

Gegenüber: Der Künstler mit dem Künstler

Die Emanzipierten

Henriette Breymann und Anna Vorwerk sind vielleicht nicht die berühmtesten Frauen, die Wolfenbüttel hervorgebracht hat, aber sie sind die vielleicht wichtigsten. Henriette Breymann wurde 1827 in Mahlum bei Gandersheim geboren. Sie entstammte einer Pastorenfamilie und wurde mit elf Jahren auf die Töchterschule nach Wolfenbüttel geschickt. Für ihren Geschmack wurde an der Schule der Fokus zu viel auf Handarbeit und Religion gelegt und zu wenig auf Literatur und Geschichte. Von ihrem Großonkel Friedrich Fröbel, dem Erfinder des Kindergartens, wurde sie – die sich sowieso schon um die Erziehung ihrer jüngeren Geschwister gekümmert hatte – ab 1848 zur Kindergärtnerin ausgebildet.

Hiernach eröffnete sie eine Privatschule für Mädchen in einem Pfarrhaus in Watzum, wobei sie viel Unterstützung durch ihre Familie erhielt. Das Spektrum der Fächer umfasste Hauswirtschaft, Geografie, Naturkunde, Gesang und Schlittschuhlaufen. Ungewöhnlich war auch, dass Lehrer geduzt wurden. Die hier stattfindenden Kurse zur Ausbildung von Erzieherinnen erlangten internationale Bekanntheit, so dass 1864 nach Wolfenbüttel in den Neuen Weg umgezogen werden musste. 1866 gründete sie gemeinsam mit Anna Vorwerk die Schlossanstalten mit Kindergarten, die auch Fortbildungen für erwachsene Frauen anboten.

Doch die Doppelspitze funktionierte nicht lange, so dass sich der Schulverein schließlich gezwungen sah, sich für eine Leiterin zu entscheiden: Seine Entscheidung fiel auf Anna Vorwerk, die als strenger galt und es sich zum Ziel gesetzt hatte, die Mädchen den Zugang zu Universitäten und zum akademischen Leben zu ebnen, während Henriette die Förderung sozialer Kompetenzen und praktischer Fertigkeiten bevorzugte, spielerisch und in der Natur.

Doch Henriette Schrader-Breymann gab nicht auf und folgte ihrem Mann, dem späteren Braunschweiger Reichstagsabgeordneten Karl Schrader nach Berlin, wo sie begann, Kindergärtnerinnen auszubilden. Ihr Mann, ein liberaler und sozialer Politiker, unterstützte sie hierbei. Das von ihr gegründete Pestalozzi-Fröbel-Haus war 1893 der deutsche Beitrag zu »Kleinkinderfürsorge und Frauenbildung« (was für eine Kombination!) und besteht bis heute. Unterstützung erfuhr sie bei ihrer Tätigkeit durch Kronprinzessin Victoria. 1899 starb Henriette in Berlin. Ihr Bruder Karl und ihr Neffe Arnold führten ihr Werk fort. Ihrem Wunsch gemäß liegt sie auf dem alten Friedhof in Wolfenbüttel.

Ihr Bruder Adolf Breymann, dessen künstlerisches Talent sie schon früh erkannt hatte, schuf übrigens das Standbild Heinrichs des Löwen auf dem Hagenmarkt in Braunschweig.

Wer war aber Anna Vorwerk, die Henriette Breymann aus der Leitung der Schlossanstalten drängte? Sie wurde 1839 in Königslutter geboren, ihre Familie zog jedoch nach Wolfenbüttel. Als Mädchen erhielt sie Klavierstunden bei Johannes Brahms und Hans von Bülow in Hamburg. Im Winter 65/66 lernte sie Henriette Breymann kennen, die Vorträge über die Ideen des Pädagogen Friedrich Fröbel hielt. Gleich 1866 gründeten sie gemeinsam die Schlossanstalten. Es kamen ihnen zugute, dass das Gebäude weitgehend leer stand. Nachdem ihr 1870 die alleinige Leitung der Einrichtung anvertraut wurde, baute sie die Schule nach ihren Vorstellungen aus. Ihr zur Seite stand Berta »der Schlossvater« Glöckner, die ein strenges Regiment geführt haben soll. Anna arbeitete unermüdlich an ihrem Ziel, Mädchen und Frauen einen Zugang zur Bildung zu erstreiten. So gründete sie eine Gewerbeschule für Schwachbegabte (an der unter anderem Altardecken hergestellt wurden) und ein sogenanntes Feierabendhaus für ehemalige Lehrerinnen. Die Wegbereiterin der Frauenbewegung initiierte aber auch einen Fortbildungskurs für Lehrerinnen an der Universität Göttingen. 1890 starb sie.

Die von ihr und Henriette Breymann gegründete Schule arbeitet übrigens nunmehr koedukativ: das Gymnasium im

Schloss. Beiden Frauen wird übrigens in Wolfenbüttel gedacht: Die Anna-Vorwerk-Straße verbindet unter anderem die Lessing- und die Leibnitzstraße, während die Henriette-Breymann-Straße die Verlängerung der Wilhelm-Busch-Straße ist.

Der Versicherer

Victor Ehrenberg wurde 1851 als Sohn des Direktors der jüdischen Samson-Schule in Wolfenbüttel geboren. Es deutete nichts darauf hin, dass aus dem mäßigen Schüler und gelangweilten Jura-Studenten in Göttingen mal irgendetwas werden könnte, trotzdem promovierte und habilitierte er, trat eine Professur in Rostock an, um schließlich nach Göttingen zurückzukehren, das er zu einem Zentrum der noch jungen Versicherungswirtschaft ausbaute. 1911 folgte der Wechsel nach Leipzig, wo er bis zu seiner Emeritierung lebte. Seinen Lebensabend verbrachte er in Göttingen.

Ehrenberg erreichte einiges in seinem Leben. Nicht nur, dass er das »Handbuch des gesamten Handelsrechts« verfasste und an noch heute gültigen Gesetzen mitwirkte, auch zu seiner Nachkommenschaft gehörten einige interessante Leute. Seine Tochter Hedwig heiratete nämlich den Physiker und Nobelpreisträger Max Born, zu deren Kindern der bekannte britische Pharmakologe Gustav Victor Rudolf Born gehörte. Und zu seinen Nachkommen zählen die Sängerin und Schauspielerin Olivia Newton-John und die Sozialwissenschaftlerin und Musikerin Georgina Born.

Der Erfinder

Emil Berliner – was wären wir ohne ihn? Zumindest wir älteren, die wir noch mit Schallplatten aufgewachsen sind, sollten ihm einen Altar errichten. Geboren wurde er in eine weitverzweigte Familie, die im 18. Jahrhundert von Berlin (daher der Name) nach Hannover ausgewandert war und neben Fabrikanten und Kaufleuten auch den Physiker Bernhard Berliner (der zu den Erfindern des Perkussionshammers zählt, mit denen Ärzte unter anderem die Reflexe eines Menschen testen) und die Sozial- und Wirtschaftswissenschaftlerin Cora Berliner (die als wichtige Wegbereiterin der Sozialen Arbeit gilt) hervorgebracht hat.

Der 1851 in Hannover geborene Emil Berliner besuchte von 1861 bis 1865 die Samson-Schule. Anschließend absolvierte er eine Kaufmannslehre. 1870 entzog er sich dem preußischen Militärdienst durch die Auswanderung in die USA. Hier gelang ihm das Kunststück vom Flaschenspüler zum Millionär zu werden. Tagsüber ging er Gelegenheitsarbeiten nach und nachts studierte er am Cooper Institute. Seine Experimente mit elektrischen Geräten führten unter anderem zur Erfindung eines Mikrofons für die neuartigen Telefonapparate, das er an die Bell Telephone Company verkaufen konnte – der Grundstein für seine finanzielle Unabhängigkeit.

Dieses Mikrofon war erst der Anfang. 1887 folgte die Anmeldung eines Patents für seine wichtigste Erfindung: ein scheibenförmiger Tonträger, in den von außen nach innen schneckenförmige Rillen geritzt sind, die mit Hilfe eines Abspielgeräts die Schwingungen einer Aufnahme-Membran wiedergeben können. Das Grammophon und die Schallplatte waren erfunden! Die Vorteile seiner Erfindung gegenüber des von Thomas Alvin Edison zeitgleich entwickelten Tonträgers waren seine leichte Reproduzierbarkeit. Seine Schallplatten konnten in großer Stückzahl preisgünstig hergestellt werden. Berliner erkannte die Möglichkeiten der Erfindung auch schnell selbst und machte Aufnahmen von Künstlern, bannte sie auf Schellack und vertrieb die Schallplatten über seine Unternehmen Berliner Gramophon Company und Deutsche Grammophon Gesellschaft.

78 Umdrehungen pro Minute über Rillen, die auf besagtem Schellack gepresst wurden – bis Mitte der 50er-Jahre wurden auf diesem Prinzip beruhende Tonträger tonangebend, dann wurden sie von Vinyl-Platten mit einer Abspielgeschwindigkeit von 33 beziehungsweise 45 Umdrehungen pro Minute ersetzt. Die grundsätzliche Funktionsweise blieb jedoch gleich, allerdings konnten nun auch Stereoaufnahmen wiedergegeben werden.

Emil Berliner machte übrigens weitere Erfindungen, unter anderem hielt er ein Patent auf einen auf seinen Ideen beruhenden Parkettboden und entwickelte mit seinem Sohn Henry und anderen Kollegen einen Helikopter und arbeitete an der wegweisenden Rotortechnik.

Im August 1929 starb er in Washington D.C.

BIBLIOTHECA AVGVSTA

Die Physiker

Julius Elster und Hans Geitel – siebenmal wurden sie für den Nobelpreis nominiert. Und nicht ein einziges Mal haben sie ihn bekommen. Obwohl sie jahrzehntelang zur atmosphärischen Elektrizität und zur Radioaktivität forschten, obwohl sie den Begriff »Atomenergie« prägten und vor allem obwohl sie die Fotozelle erfunden haben und es damit möglich machten, Lichtenergie in elektrische Energie umzuwandeln.

Wer waren diese beiden verkannten Genies?

Julius Elster wurde 1854 in Blankenburg geboren. Er studierte Physik in Heidelberg und wurde nach seiner Promotion 1879 Lehrer an der Großen Schule in Wolfenbüttel. 1920 starb er in Bad Harzburg. Hans Geitel wurde 1855 in Braunschweig als Sohn eines Forstbeamten geboren und studierte ebenfalls Physik in Heidelberg, wo er Elster kennenlernte, mit dem er nach Wolfenbüttel ging, um dort ebenfalls Lehrer zu werden und mit seinem Kollegen zusammenzuziehen. 1923 – drei Jahre nach dem Tode seines Mitbewohners – starb er in Wolfenbüttel.

Den großen Wissenschaftlern wird in Wolfenbüttel durch den Elsterweg gedacht, der auf den Geitelplatz führt, wo es die Grundschule am Geitelplatz gibt.

Gegenüber: Präzise Schätzwerte – die Sonnenuhr

Der Antifaschist

Henry Pinkepank hat sich die Aufnahme in diese gedruckte Ruhmeshalle dadurch verdient, dass er einen tollen Nachnamen hat und weil der Sozialdemokrat während des Nationalsozialismus zu zwei Jahren Haft verurteilt wurde, weil er den »Kampfflieger« Manfred von Richthofen verunglimpft haben soll.

Die Malerin

Einzelausstellungen in Berlin, Dortmund, Düsseldorf, Hamburg, Frankfurt, Chicago und Bonn, Beteiligungen an Gemeinschaftsausstellungen in der Schweiz, in Österreich, den Niederlanden, Schweden, Norwegen, Großbritannien, Frankreich, Italien, Jugoslawien, den USA und der UdSSR, Werke im Städelschen Kunstinstitut in Frankfurt und im Museum of Modern Arts in New York – wie schafft man es, diese große Künstlerin in ihrer Heimatstadt zu übersehen?

Meina Munsky wurde 1943 als Tochter des Architekten Oskar Munsky und der Fotografin Gertrud Schmidt in Wolfenbüttel geboren. Im März 1962 verließ sie die Anna-Vorwerk-Oberschule mit dem Realschulabschluss. Im selben Jahr begann sie ein Studium an der Werkkunstschule in Braunschweig, die ein Jahr später zur Hochschule für Bildende Künste hochgestuft wurde. 1963 fuhr sie nach Amsterdam, um eine Abtreibung vorzunehmen – in Deutschland war das damals noch verboten. Dieses Erlebnis prägte auch ihr künstlerisches Schaffen. Doch erst einmal setzte sie ihr Studium in Florenz und Berlin fort. Und sie veränderte in dieser Zeit auch ihr Äußeres, färbte sich die Haare schwarz und trug auch nur noch ausschließlich schwarze Kleidung. Ihren Vornamen änderte sie von Meina in Maina und fügte den jüdischen Vornamen Miriam hinzu.

In dieser Zeit lernte sie auf der Suche nach Ausstellungsmöglichkeiten den Zeichner und Grafiker Peter Sorge kennen, der ihr eine erste Einzelausstellung in der Künstlerselbsthilfegalerie Großgörschen 35 vermittelte. Aus der Großgörschengruppe gingen die Kritischen Realisten hervor, die zeitgemäße – also gesellschaftskritische – Kunst produzieren wollten und sich dabei auf Größen wie George Grosz, Hannah Höch und John Heartfield bezogen und die Prinzipien von Collage und Dada fortführten.

1970 heirateten Maina-Miriam Munsky und Peter Sorge. Zwei Jahre später wurde ihr Sohn Ben geboren. Auch künstlerisch ging es weiter voran. Munsky wurde Mitglied des Deutschen Künstlerbundes und zählte zu den Gründungsmitgliedern der einflussreichen Gruppe Aspekt, die von 1972 bis 1978 bestand und zu deren Mitgliedern auch ihr Mann zählte. Damals erfolgten erste Ankäufe ihrer an Salvador Dali und Francis Bacon gemahnenden Werke, die immer wieder die Abtreibung thematisierten, die sie vorgenommen hatte. »Das ist keine Kritik an der unpersönlichen Sachlichkeit moderner Gynäkologie«, hieß es damals in der »Zeit«, »auch wenn Maina-Miriam Munsky in Berlin den Kritischen Realisten zugerechnet wird und der Gruppe ›Aspekt‹ angehört. Das Provozierende der Bilder liegt in einem anderen Bereich. In dem sie ohne alle Sublimierung ins Mythologische oder Idyllische den realen Vorgang der Geburt vor Augen führen, verletzten sie Tabus, mobilisieren sie alle Widerstände des Betrachters, bis zur Abwendung und abrupten Ablehnung, weil sie an eine traumatische Grenze führen.«[65]

Diese künstlerische Radikalität war es wohl, die dazu führte, dass sie von der Ausstellung »Künstlerinnen international 1877–1977« in der Orangerie des Charlottenburger Schlosses ausgeschlossen wurde, in der immerhin fünfhundert Werke von insgesamt einhundertneunzig Künstlerinnen gezeigt wurden, unter ihnen Paula Modersohn-Becker, Meret Oppenheim, Eva Hesse und Käthe Kollwitz. Die Jury, die sich ausschließlich aus weiblichen Mitgliedern zusammensetzte, begründete ihren Ausschluss bizarrerweise damit, dass ihre unbeteiligt formulierten Geburtenbilder nicht »weiblich« genug seien. Außerdem wurde ihr vorgeworfen, sich mit den als sexistisch bezeichneten Bildern ihres Mannes gemein zu machen, der in seinen Zeichnungen pornografische und gewaltdarstellende Fotos kombiniere.

Fakt ist, dass sich Munsky öffentlich gegen den Zusammenschluss in Frauengruppen aussprach, weil dies ihrer Meinung nach nur dazu führe, dass sich Frauen isolieren würden. Was nicht bedeutet, dass sie grundsätzliche Vorbehalte gegen die Frauenbewegung hatte. In einem Interview für den – kurz vor der Drucklegung zurückgezogenen – Katalog der besagten Ausstellung sagte sie: »Ich habe mich immer sehr für diese Frauenbewegungsgruppen interessiert; da gab es doch Gruppen, die die Abtreibungssache unterstützt haben, und da hab ich immer gedacht: Mensch, das ist doch genau das, was Du willst, warum machst Du da eigentlich nicht mit? Aber da war halt immer die Angst, um Gottes Willen, noch was, was dich auffrißt. Und es reicht dann eine Sache oder jetzt mit dem Kind zwei Sachen, die einen auffressen. Aber ich halte die Frauenbewegung für derart wichtig, und ich glaube auch, daß es das ist, was von unserer Zeit, von unseren Jahren, später übrig bleiben wird, und daß das eine Sache ist, die man hinten und vorne und überall unterstützen sollte.«[66] So verwundert es wohl auch nicht, dass sie an der Wanderausstellung »feministische kunst internationaal« beteiligt war, die immerhin in Museen in Holland, Dänemark und Schweden gezeigt wurde.

Zu ihren wichtigsten Werken zählt die sechsteilige Bilderfolge »Das rote Tuch«, das im Begleitprogramm zu einer Ausstellung von Frida Kahlo und Tina Modotti im Hamburger Kunstverein gezeigt wurde. Es folgten unter anderem eine Gastprofessur an der HBK in Braunschweig und der Kunstpreis des Landes Niedersachsen.

Munsky starb 1999 im Alter von nur 56 Jahren in Berlin. Schuld an ihrem frühen Tod soll ihr hoher Alkoholkonsum gewesen sein. Gemeinsam mit ihrem Mann Peter Sorge liegt sie auf dem Alten St. Matthäus-Kirchhof Berlin.

In Wolfenbüttel wird ihrer an keiner Stelle gedacht, weder durch einen Straßennamen noch durch ein Kunstwerk.

Jägermeister für die meisterJäger

Man darf sich durchaus fragen, warum ausgerechnet in Wolfenbüttel ein Produkt wie Jägermeister erfunden worden ist. Die naheliegende Antwort »Ich trinke Jägermeister, weil ich Wolfenbüttel sonst nicht ertrage« kommt der Wahrheit vermutlich schon recht nahe. Noch interessanter ist jedoch die Frage, warum Jägermeister *auf der ganzen Welt* getrunken wird. Der Geschmack alleine kann es nicht sein, auch der Alkoholgehalt nicht, denn Rum, Wodka und Whiskey haben da durchaus mehr zu bieten. Oder ist es genau das? Mit 35 Umdrehungen liegt Jägermeister eher im mittleren Bedröhnungssegment und eignet sich damit auch hervorragend als Grundlage für allerlei Mixgetränke, die auch Damen mit zarteren Geschmacksknospen zu überzeugen wissen.

Vermutlich ist es aber einfach das grandiose Marketing, das Jägermeister zu seinem erstaunlichen Erfolg verholfen hat. Aus dem »Göring-Schnaps« der 30er-Jahre – mit einem so betulichen Markenzeichen wie einem Hirsch über dem ein christliches Kreuz schwebt – wurde innerhalb weniger Jahrzehnte ein hippes Modegetränk, das man überall kennt zwischen Ballermann und Las Vegas, zwischen Hammerfest und Kapstadt, zwischen Wladiwostok und Rio de Janeiro.

Seit den 1970er-Jahren warb man mit Hilfe des Sport-Sponsorings für das Likörchen, kam davon aber später wieder ab. Vielleicht waren ausgerechnet Autorennen doch nicht der richtige Markenträger für ein alkoholisches Produkt und auch Tischtennis (TTC Jägermeister Calw) entpuppte sich doch nicht als der heiße Scheiß, auf den die Jugend dauerhaft abfuhr. Auch Fußball klappte langfristig nicht, auch wenn Jägermeister die zweifelhafte Ehre hat, die Trikot-Werbung in den deutschen Fußball eingeführt zu haben. Allerdings scheiterte seinerzeit ja Günther Mast mit dem Versuch, Eintracht Braunschweig in Jägermeister Braunschweig umzubenennen. Heutzutage hätte er bessere Chancen – wenn man es denn, wie Red Bull aka Rasenball Leipzig einigermaßen geschickt anstellt.

Statt Sport setzte Jägermeister fürderhin auf delirierende Hirsche in Werbespots, auf kaum bekleidete junge Damen auf Jugendevents, auf Blaskapellen auf Rockkonzerten und auf Miss Arschgeweih-Wahlen am Arsch der Welt. Und auch die Toten Hosen halfen mit ihrem Trinklied »Zehn kleine Jägermeister« dem Konzern ohne jede Not, sich tiefer in das kollektive Gedächtnis der anvisierten Zielgruppe zu bohren. Gelegentliche Erinnerungslücken durch den Konsum eben dieses Getränks fallen da kaum ins Gewicht.

Der Erfolg gibt dem Konzept recht: VW und Jägermeister, Kindergarten und Blitzkrieg, Wolfgang Petersen und Rammstein – diese Dinge haben das Image der Deutschen auf der ganzen Welt geprägt.

Darauf einen Dujardin!

Zu guter Letzt

»Wer will, dass die Welt so bleibt wie sie ist, will nicht, dass sie bleibt.«
Hausspruch in der Wolfenbütteler Innenstadt

Wolfenbüttel in 100 Jahren – wie wird die Stadt bei ihrem tausendjährigen Jubiläum im Jahre 2118 aussehen? Wird sie tatsächlich mit Braunschweig zusammengewachsen sein? Wird es eine Großstadt Braunschweig-Wolfenbüttel geben? Oder eine Region Braunschweiger Land, verortet zwischen Harz, Heide und Wolfsburg?

Welche Traditionen werden erhalten geblieben sein? Welche Reformen wird es gegeben haben?

Was auch immer bis dahin geschehen sein wird – ich wünsche mir eine tolerante Stadt, in der es – im Sinne Lessings – interessante intellektuelle Auseinandersetzungen geben wird und in der Menschen unabhängig von ihrer Herkunft und Hautfarbe gefördert werden, so wie es bei Anton Wilhelm Amo geschehen ist, bevor Vorurteile und Ablehnung zu seinem Sturz führten.

Ich wünsche mir eine Welt, in der Frauen und Männer gleichberechtigt sind und gleichermaßen gefördert werde, so wie es sich Anna Vorwerk, Henriette Breymann und Maina-Miriam Munsky vorgestellt haben.

Ich wünsche mir eine Welt, in der sich Menschen so lieben, wie es Gotthold und seine Eva es getan haben. Nur mit einem Happy End!

Hierfür wünsche ich mir, dass die Wissenschaft die nötigen Fortschritte macht. Und dass sie dabei auf kluge Menschen wie Hans Geitel und Julius Elster zurückgreifen kann.

Ich wünsche mir eine kulturell offene Welt, mit Musik wie sie von Emil Berliner auf Schellack gebannt worden ist und mit lite-

Gegenüber: Auch moderne Bauten fügen sich harmonisch in das Ambiente der Altstadt ein.

Wolfenbüttels Fachwerkhäuser sind wunderschön.

rarischen Werken, wie sie Wilhelm Busch in seinen besten Stunden geschaffen hat.

Ich wünsche mir eine Welt, in der in einer zeitgemäßen Sprache gesprochen, wofür Menschen wie Justus Georg Schottelius die Grundlagen geschaffen haben.

Ich wünsche mir eine Welt, in der Menschen sich engagieren ohne gleich an ihren Geldbeutel oder ihren Kredit zu denken, so wie es die Menschen tun, die im Aha-Museum aktiv sind.

Und ich wünsche mir eine aufgeklärte Welt, ohne absolutistische Fürsten (und überhaupt ohne absolutistische Ansprüche), sondern mit aufrechten Demokratinnen und Demokraten wie Henry Pinkepank (nur ohne Gefängnis natürlich).

Wäre das nicht schön?

Literaturverzeichnis

Bepler, Jochen: Kleine Wolfenbütteler Stadtgeschichte, Regensburg 2011

Jansen, Werner: Wolfenbüttel – die Residenzzeit in Stichworten von A bis Z, Norderstedt 2010

Klingenberg, Axel: Die Wahrheit über Niedersachsen, Meine bei Braunschweig 2016

Klingenberg, Axel: 111 Orte im Braunschweiger Land, die man gesehen haben muss, Köln 2015

Klingenberg, Axel: 365 Tipps für einen schönen Tag in Braunschweig, Wolfenbüttel, Wolfsburg und Umgebung, Hamburg 2018

Pleschinski, Hans: Der Holzvulkan, München 2014

Jarck, Horst-Rüdiger: Braunschweigisches Biographisches Lexikon. 8. bis 18. Jahrhundert, Braunschweig 2006

Jarck, Horst-Rüdiger und Scheel, Günter: Braunschweigisches Biographisches Lexikon. 19. und 20 Jahrhundert, Hannover 1996

Wagner, Tobias: Wolfenbüttel – Die Stadtgeschichte als Comic, Wolfenbüttel 2018

Bildnachweis

Axel Klingenberg: S. 19, 20, 26, 33, 43, 51, 61, 64, 81, 98, 109, 118, 144, 146

Andreas Reiffer: 14, 15, 16, 21, 22, 24, 28, 39, 41, 53, 54, 56, 87, 107, 114, 116, 122, 124, 128, 136

Endnoten

1 Heinz ist wie Hans eine Kurzform des Namen Heinrich. Heiner und Heini auch. Aber darum geht es hier ja nicht.
2 Bepler, S. 50
3 Bepler, S. 61
4 Paul Zimmermann: Julius, Herzog zu Braunschweig und Lüneburg. In: Allgemeine Deutsche Biographie, (ADB), Band 14, Leipzig 1881, S. 663–670
5 Zitiert nach: https://de.wikipedia.org/wiki/Johann_Rosenmüller, abgerufen am 16. August 2018
6 Jarck, S. 755
7 Ebd.
8 Ebd.
9 http://deacademic.com/dic.nsf/dewiki/113351, abgerufen am 18. August 2018
10 Der Fruchtbringenden Geselschaft Nahmen, Vorhaben, Gemählde und Wörter: Nach jedes Einnahme ordentlich in Kupfer gestochen, und in achtzeilige Reimgesetze verfasset, das Dritte Hundert. Franckfurt am Mayn, 1646 (google books), abgerufen am 16. August 2018
11 Jarck, S. 536
12 Zitiert nach: https://de.wikipedia.org/wiki/Justus_Oldekop, abgerufen am 16. August 2018
13 Jarck, S. 536
14 Zitiert nach: https://de.wikipedia.org/wiki/Justus_Oldekop, abgerufen am 16. August 2018
15 Ebd.
16 Pleschinski,. S. 59
17 a.a.O., S. 60
18 Zitiert nach: http://www.faz.net/aktuell/feuilleton/buecher/frankfurter-anthologie/gedichtanalyse-zu-sterbelied-von-braunschweig-13707554.html, abgerufen am 16. August 2018
19 Pleschinski, S. 37
20 a.a.O., S. 35
21 a.a.O., S. 36
22 a.a.O., S. 38
23 a.a.O.. S. 25
24 a.a.O., S. 38

25 a.a.O., S. 45
26 a.a.O., S. 15
27 a.a.O., S. 42
28 a.a.O., S. 5
29 Jarck, S. 195
30 Ebd.
31 Eva Ziebura: Prinz Heinrich von Preußen, Berlin 1999, S. 44–48
32 Jarck, S. 196
33 Klingenberg: 111 Orte, S. 200
34 Klingenberg: Niedersachsen, S. 131
35 a.a.O. S. 130
36 Zitiert nach: https://www.aphorismen.de/zitat/14235, abgerufen am 16. August 2018
37 Aus: Nathan der Weise, zitiert nach: http://gutenberg.spiegel.de/buch/nathan-der-weise-1179/30, abgerufen am 16. August 2018
38 Zitiert nach: https://www.aphorismen.de/zitat/14183, abgerufen am 16. August 2018
39 Aus: Nathan der Weise, zitiert nach: http://gutenberg.spiegel.de/buch/nathan-der-weise-1179/22, abgerufen am 16. August 2018
40 Zitiert nach: https://www.aphorismen.de/zitat/60367, abgerufen am 16. August 2018
41 Aus: Nathan der Weise, zitiert nach: https://www.aphorismen.de/zitat/14195, abgerufen am 16. August 2018
42 Aus: Nathan der Weise, zitiert nach: https://www.aphorismen.de/zitat/14168, abgerufen am 16. August 2018
43 Aus: G.E. Lessing: Ästhetische Schriften, zitiert nach: http://www.zeno.org/Literatur/M/Lessing,+Gotthold+Ephraim/Ästhetische+Schriften/Vorreden/G.+E.+Lessings+Schriften.+Dritter+Teil, abgerufen am 16. August 2018
44 Wagner: S. 35
45 http://www.kritische-ausgabe.de/artikel/lessing, abgerufen am 16. August 2018
46 Jarck, S. 435
47 Nach: Wolfenbütteler Schaufenster vom 29. April 2018
48 Ebd.
49 Zitiert nach: https://www.zeit.de/1981/08/ein-buerger-ein-radikaler, abgerufen am 16. August 2018
50 Aus: G.E. Lessing: Die Leiden des jungen Werther, zitiert nach: http://www.literaturwissenschaft-online.uni-kiel.de/wp-content/uploads/2015/09/III-Werther-Protokoll-Goethe-VL-vom-09.11.2010.pdf, abgerufen am 16. August 2018

51 https://literaturkritik.de/id/5230, abgerufen am 16. August 2018
52 a..a.O.
53 a.a.O.
54 a.a.O.
55 a.a.O.
56 a.a.O.
57 Zitiert nach: https://de.wikipedia.org/wiki/Anna_Amalia_von_Braunschweig-Wolfenbüttel, abgerufen am 16. August 2018
58 Zitiert nach Elisabeth Vorderwülbecke in: https://www.wolfenbuettel.de/Tourismus/Geniessen/Spaziergänge/, abgerufen am 16 August 2018
59 Jarck, Scheel, S. 224f
60 Zitiert nach: https://de.wikipedia.org/wiki/Wilhelm_Raabe, abgerufen am 16. August 2018
61 Ebd.
62 Ebd.
63 Ebd.
64 Wagner, S. 61
65 Katrin Sello: Berlin: Maina-Miriam Munsky, in: Die Zeit Nr. 19, Hamburg 2. Mai 1975, S. 20
66 http://feministberlin.de/wp-content/uploads/kultur/kaiserin.pdf, abgerufen am 16. August 2018

Register

Orte

Personen

Sonstiges

Foto: Harald Duin

AXEL KLINGENBERG lebt als »schnoddriger Heimatschriftsteller« (Braunschweiger Zeitung), »Kult-Autor« (Subway) und reisender Reporter in Braunschweig und dem Rest Europas. Er schreibt Bücher über Fußball (Eintracht Braunschweig) und Musik (Punk) sowie über die schönsten Landschaften (Harz) und großartigsten Städte (Amsterdam) der Welt.

Zuletzt erschienen »Die Wahrheit über Niedersachsen«, »365 Tipps für einen schönen Tag in Braunschweig, Wolfenbüttel, Wolfsburg und Umgebung« und »111 Orte im Braunschweiger Land, die man gesehen haben muss«.

Unsere Regionaltitel

Martina Bartling: Lokalrunde
Zu Fuß um Braunschweig auf dem Kleine-Dörfer-Weg
ISBN 978-3-945715-22-2, 160 Seiten

Roberta Bergmann: Braunschweig
Das Aus- und Weitermalbuch
ISBN 978-3-945715-04-8, 40 Seiten

Thomas Kempernolte: Naturpark Elm-Lappwald
Die 20 schönsten Radtouren
ISBN 978-3-945715-12-3, 100 Seiten plus Karte und App

Thomas Kempernolte: Naturpark Elm-Lappwald
Die 25 schönsten Wandertouren
ISBN 978-3-945715-13-0, 176 Seiten plus App

Klingenberg/Lange/Schulz-Weber (Hg.): Bohlweg-Zeiten
Die 80er in Braunschweig
ISBN 978-3-934896-75-8, 164 Seiten

Axel Klingenberg (Hg.): Blau-Gelb-Sucht
Ein Eintracht Braunschweig-Fanbuch
ISBN 978-3-934896-65-9, 160 Seiten

Axel Klingenberg: Die Wahrheit über Niedersachsen
Eine humorvolle und literarische Reise durch das Bundesland
ISBN 978-3-945715-16-1, 160 Seiten, auch als eBook

Axel Klingenberg: Döner mit Braunkohl und Bier
Das Braunschweig-Buch
ISBN 978-3-945715-65-9, 160 Seiten, auch als eBook

Axel Klingenberg (Hg.): Eintracht und Zwietracht
Braunschweiger Geschichten
ISBN 978-3-934896-32-1, 120 Seiten

Axel Klingenberg: Schmorwurst am Brocken
Das Harz-Buch
ISBN 978-3-934896-69-7, 160 Seiten

Andreas Reiffer (Hg.): Die Wahrheit über Braunschweig
Die Braunschweig-Anthologie
ISBN 978-3-945715-15-4, 160 Seiten, auch als eBook

B. Trinker (Hg.): Braunschweig schön trinken
Auf die Suche nach dem Weltkulturerbe »Eckkneipe«
ISBN 978-3-945715-21-5, 160 Seiten, auch als eBook

www.verlag-reiffer.de